Jutta Grimm

Vollwert-Muffins

Jutta Grimm

Vollwert-Muffins

Süßes und Pikantes für alle Gelegenheiten

Inhalt

Inhalt

Schnell gemacht und
schnell gegessen

Ich habe vier Kinder, und die haben Freunde. Manchmal spielen sie nachmittags bei uns, manchmal nicht. Man kann es vorher nicht wissen. Aber *wenn* sie da sind, dann entwickeln sie so zwischen 3 und 4 Uhr nachmittags einen Bärenhunger. Das kann man vorher wissen. Und dann hilft nichts, es muss etwas zu essen her. Am besten gleich, spontan und sofort. Aus dieser Situation heraus habe ich Muffins lieben gelernt. Sie sind aus wenigen Zutaten schnell angerührt und schnell gebacken. Die Küche starrt hinterher auch nicht vor Dreck. Und die Kinder mögen die kleinen Küchlein gerne. Bei schönem Wetter können sie sie draußen im Garten, am liebsten auf dem Baumhaus, essen – ganz ohne Teller und Kuchengabel. Und auch bei schlechtem Wetter, wenn sie durchgefroren und mit roten Nasen von draußen hereinkommen, sind eine Tasse heißer Kakao und leckere Muffins immer willkommen.

Aber auch zu anderen Gelegenheiten erweisen sich Muffins als äußerst praktisch. Eine schnelle Abwechslung zu Abendessen oder Frühstück, als Pausensnack, ein leckerer Gag fürs kalte Büffet, unterwegs zum Picknick, und, und, und. Denn auch Erwachsene lieben Muffins.

Ich schätze an Muffins nicht zuletzt, dass sie schnell und problemlos zuzubereiten sind. Deshalb habe ich mich in diesem Buch darum bemüht, die Rezepte – bis auf einige wenige Ausnahmen – einfach zu halten. Wer möchte schon eine Stunde in der Küche arbeiten, wenn das Ergebnis dann in 5 Minuten wieder weggeputzt ist? Also eher ein praktischer Ratgeber denn eine Einführung in die Haute Cuisine des Muffinbackens. Aber die Ergebnisse sind so lecker, dass sie einfach unwiderstehlich sind. Probieren Sie sie doch einfach schnell einmal aus! Treffpunkt in einer halben Stunde am Kaffeetisch, dann reden wir weiter.

Jutta Grimm

Übrigens, Muffins waren zuerst in England als Teegebäck bekannt. Inzwischen haben sie aber längst in allen möglichen Variationen Amerika erobert und schicken sich an, ihren Siegeszug auch bei uns fortzusetzen. Wenn sie, wie hier in diesem Buch, aus vollwertigen Zutaten bestehen, sind sie durchaus eine erfreuliche Fast-Food-Bereicherung unseres Alltags!

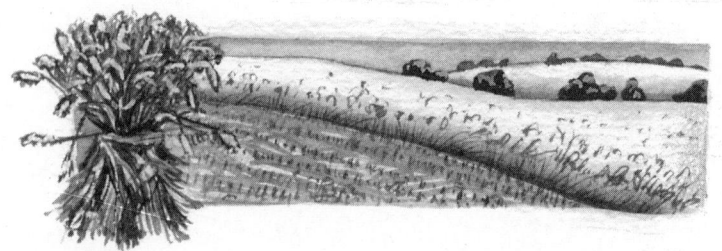

Muffins für alle Fälle

Muffins sind wahre Universalgenies. In kürzester Zeit kann man mit dem, was Küche und Speisekammer hergeben, ein leckeres Muffinrezept nachbacken. Und sollte einmal eine Zutat fehlen, dann improvisiert man halt ein bisschen. Damit kann man selbst den Überraschungsbesuch der Großtante gelassen meistern.

Für jeden Anlass und jede Jahreszeit gibt es die passenden Rezepte: Von den einfachen, marmeladegefüllten Muffins für die hungrige Horde Kinder bis hin zum kunstvoll dekorierten Edel-Muffin für den Cocktail-Stehempfang. Hier ein paar Anregungen dazu.

Kindergeburtstag

Früher gab es bei uns zum Kindergeburtstag immer eine (zugegeben gekaufte) Torte. Mit dem Ergebnis, dass jeder kleine Gast ein Stück Torte verlangte, zwei Gäbelchen davon nahm und dann feststellte »bin satt« oder »schmeckt nicht«. Was mich doch immer einigermaßen frustrierte. Später, wenn der Tisch schon abgeräumt war, verlangten die lieben Kleinen dann lauthals nach Süßigkeiten, denn hungrig waren sie ja doch.

Mittlerweile gehören Muffins bei uns zum Kindergeburtstag ebenso dazu wie Geburtstagskerzen und Geschenke. Ich kann

ohne viel Aufwand schnell zwei oder drei unterschiedliche Geschmacksrichtungen davon backen, sie werden bunt und lustig verziert und können auch nach der Kaffeetafel – etwa in einer Spielpause – mal eben schnell aus der Hand gegessen werden. Unseren Gästen gefällt das immer ganz prima!

Pausensnack

Für den kleinen Hunger in Schule, Büro oder auch unterwegs auf einer Reise lassen sich Muffins gut einpacken. Aus vollwertigen Zutaten hergestellt, sind sie eine gesunde Zwischenmahlzeit. Am besten gleich in Papierförmchen backen, so lassen sie sich gut transportieren und leicht essen. Noch etwas Rohkost und ein Getränk dazu, fertig!

Picknick

Bei einem Picknick ist es schwierig, die daheim so lecker zubereiteten Kuchen und Gebäckstücke unbeschadet ins Grüne mitzunehmen. Muffins dagegen machen da wenig Probleme. (Weiche Cremes oder Aufstriche in einer extra Dose verpacken und vor Ort aufstreichen.) Sie lassen sich einfach ohne Teller und Besteck essen und ersparen so auch einiges an Schlepperei. Ein nicht zu verachtendes Argument!

Feste und Festchen

Vom Skatabend bis zum Sommerfest, vom gemütlichen Brunch bis zur rauschenden Party – Muffins machen sich überall gut. Sie sind klein, gut portionierbar, aus der Hand zu essen (!!!) und einfach lecker. Es gibt zu jedem Anlass den passenden Muffin. Pikant oder süß, einfach oder raffiniert, Muffins kommen immer an. In den adretten Papierförmchen, weiß oder farbig, lassen sie sich ohne großen Aufwand nett anrichten. Muffins vertragen jede Art von Dekoration – von kitschig bis edel – erlaubt ist, was gefällt. Wer also Freude am Garnieren und Dekorieren hat, kann sich gerade bei festlichen Anlässen an den Muffins künstlerisch betätigen. Aber keine Angst: Muffins sehen auch im »Alltagskleid« so richtig zum Anbeißen aus.

Kleine Geschenke

Sie wollen gute Freunde besuchen und haben noch kein passendes Mitbringsel? Sie kommen nicht mehr zum Einkaufen, können also auch nichts Passendes mehr besorgen? Es soll etwas Persönliches sein? Wie wär's mit einer Portion selbst gemachter Muffins? Sie sind schnell zubereitet, und kommen immer gut an!

Soll das Geschenk etwas größer ausfallen, schenken Sie einfach noch einen Kuchenteller dazu. Oder ein Päckchen Papierbackförmchen, mit ein paar handgeschriebenen Rezepten versehen. Oder sogar eine Muffin-Backform aus Metall.

Überraschungsbesuch

Sie erwarten selbst überraschend Besuch? Keine Panik, backen Sie einfach schnell eine Portion Muffins.

Der Teig ist schnell angerührt, und während Sie den Tisch decken und Kaffee oder Tee bereiten, sind die Muffins auch schon gebacken. So haben Sie binnen einer halben Stunde köstliches, frisches Gebäck. Und Ihre Gäste werden Ihnen bei der Zubereitung bestimmt gerne Gesellschaft leisten. Irgendwann landen ja sowieso alle zum Plaudern in der Küche.

Das ist Ihnen immer noch zu aufwendig? Aber selbst gebacken soll es schon sein? Da müssen Sie eben für solche Fälle ein bisschen Vorarbeit leisten. Backen Sie Ihre Lieblingsmuffins auf Vorrat. Nach dem Backen abkühlen lassen, in Gefrierdosen oder -beutel verpacken und tiefkühlen. So lassen sich die Muffins etwa ein Vierteljahr lagern. Bei Bedarf die unaufgetauten Muffins einfach bei 175° C 15 Minuten aufbacken, schon sind sie servierfertig. Einfacher geht's wirklich nicht!

Formen und Förmchen

Backformen

Größe
Muffinbackformen gibt es mittlerweile in gut sortierten Haushaltswarengeschäften in verschiedenen Ausführungen. Die Standardform, die auch in diesem Buch immer als Grundlage verwendet wird, hat zwölf Vertiefungen. Sie erhalten also zwölf Muffins in handlicher Größe. Es gibt außerdem noch die Texas-Muffinform, die sechs größere Vertiefungen hat – für den etwas größeren Hunger. Und natürlich noch die Mini-Muffinformen, die zwölf kleine Vertiefungen aufweist.

Material
Die Backformen werden in Weißblech oder antihaftbeschichtet angeboten. Die Weißblechformen sollten vor dem Backen gefettet oder mit Papierförmchen ausgelegt werden.
Etwas teurer sind antihaftbeschichtete Muffinformen, die ohne Fetten auskommen.

Pflege
Die Formen sollten gleich nach dem Backen mit einem weichen Tuch und Wasser mit Spülmittelzusatz gereinigt werden.

Nicht mit scharfen oder kratzenden Gegenständen bearbeiten. Gut abtrocknen lassen.

Backformen gehören nicht in die Spülmaschine. Das aggressive Spülmaschinensalz läßt die Formen rosten.

Papierförmchen

Papierförmchen werden für die Zwölfer-Standardbackformen aus ungebleichtem Zellstoff und aus weißem oder farbigem Papier angeboten. Auch für die Mini-Muffins gibt es Papierförmchen im Handel.

Man stellt die Papierförmchen statt zu fetten in die Vertiefungen der Muffinformen. Damit hängen die Muffins garantiert nicht an, sehen hübsch aus und lassen sich auch problemlos transportieren. Man kann die gebackenen Muffins natürlich auch noch nachträglich in die Papierförmchen hineinstellen.

Wer die Muffinbäckerei erst einmal ausprobieren möchte und nicht gleich eine Form kaufen will, kann auch erst einmal nur in den Papierbackförmchen backen. Dazu mindestens zwei Papierförmchen ineinander stellen, damit das Ganze etwas stabiler wird.

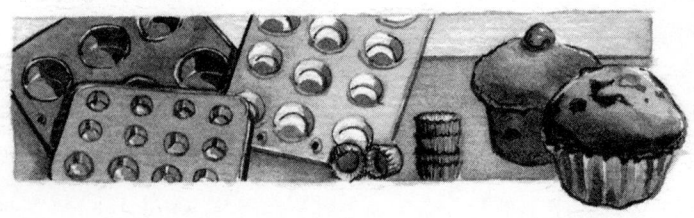

Tipps zum Backen

Teig zubereiten

Mehl ist frisch gemahlen am wertvollsten. Um beim Backen eine möglichst lockere Teigstruktur zu erzielen, empfiehlt es sich, das Mehl zweimal auf feinster Stufe zu mahlen.

Für alle »Neu-Einsteiger«, vor allem für Kinder, sollte man anfangs Vollkornmehl und Weißmehl 1:1 mischen. So kann sich der Gaumen leichter umgewöhnen. Es ist besser, die Umstellung zu einer gesunden, vollwertigen Ernährung Schritt für Schritt vorzunehmen, als vielleicht gleich wieder aufzugeben.

Zum Muffinbacken verwendet man am besten zwei Schüsseln. In der einen werden alle trockenen Zutaten wie Mehl, Backpulver, Natron, eventuell Nüsse, Gewürze oder Ähnliches gemischt. In der anderen Schüssel verrührt man die restlichen Zutaten wie Ei, Milch, Öl, Zucker usw. Dann gibt man die trockenen Zutaten zu den feuchten Zutaten und mischt vorsichtig durch. Es darf nicht zu lange und nicht zu heftig gerührt werden, sonst gehen die Muffins nicht richtig auf und werden zäh. Es reicht aus, wenn alle Zutaten befeuchtet sind. Ich ziehe es vor, den Teig von Hand mit einem Kochlöffel oder Teigschaber zu rühren. Man bekommt es ganz schnell ins Gefühl, wann der Teig fertig ist. Der Teig ist dann noch leicht klumpig und kann noch Mehlspuren enthalten.

Keine Regel ohne Ausnahme: Wird in einem Rezept ein Mixer verwendet, finde ich es praktischer, gleich alle »feuchten« Zutaten zusammen zu mixen. Diese Masse wird dann – entgegen der klassischen Art – zu den trockenen Zutaten gegeben und kurz verrührt. Das spart Zeit und vor allem Geschirr.

Backformen vorbereiten

Grundsätzlich gilt bei allen in diesem Buch aufgeführten Rezepten: Der Teig reicht für zwölf Standard-Muffinformen aus. Weißblechformen werden stets mit streichfähiger Butter eingefettet. Kein Öl verwenden. Die gefettete Form kurz kalt stellen, damit der Fettfilm fest werden kann und sich nicht zu schnell mit dem Teig verbindet.

Bei antihaftbeschichteten Formen müssen Sie nur bei sehr fettarmen Muffins die Böden der Vertiefungen einfetten. In der Regel ist dies aber nicht nötig.

Statt die Form zu fetten, kann man auch Papierbackförmchen in die Vertiefungen der Muffinform stellen. Die Muffins werden dann auch in den Förmchen serviert. Das sieht appetitlich aus, allerdings haben die Muffins dann seitlich keine Kruste.

Achtung: In den Rezepten wird nicht mehr extra auf das Fetten der Formen hingewiesen!

Backen

Der Backofen sollte stets vorgeheizt sein. Nur so gehen die Muffins während ihrer kurzen Backzeit richtig auf und werden locker.

Die Backofentür erst gegen Ende der Backzeit öffnen. Die Muffins können sonst leicht zusammenfallen.

Die in diesem Buch angegebenen Backzeiten sind nur Richtwerte. Je nach Backofen und Beheizungsart kann die Zeit schwanken. Die Muffins sind dann fertig gebacken, wenn sie sich auf Fingerdruck elastisch anfühlen.

Aus der Form nehmen

Die Muffinform aus dem Backofen herausnehmen. Nach dem Backen die Muffins noch drei bis vier Minuten in der Backform auskühlen lassen. In dieser Zeit stabilisiert sich der Teig und die Muffins lassen sich leichter aus den Formen lösen. Sollten sie trotzdem etwas haften, kann man einen Teigschaber mit Gummilippe zu Hilfe nehmen.

Übrigens: Backformen immer von Hand spülen. Das scharfe Salz der Spülmaschine lässt sie sonst rosten.

Die Muffins auf einem Kuchengitter auskühlen lassen. So kann die restliche Feuchtigkeit aus dem Teig austreten und die Kruste bleibt knusprig. Zuletzt werden die Muffins nach Belieben dekoriert.

Aufbewahren

Muffins halten sich in einem dicht schließenden Plastikbehälter zwei bis drei Tage frisch. Tiefgekühlt kann man sie drei bis vier Monate lagern. Sie sind dann gleich servierfertig, wenn man sie im vorgeheizten Backofen bei 175° C 15 Minuten backt.

Nützliches Küchenzubehör

Kochen und Backen ist ein Handwerk. Und wie bei vielen anderen Handwerken geht die Arbeit umso leichter von der Hand, je besser das zur Verfügung stehende Werkzeug ist. Es ist komisch: Viele scheuen sich davor, für ihren Haushalt gezielt einige Investitionen zu machen, geben aber ohne mit der Wimper zu zucken 100 DM beim Italiener aus. Oder kaufen sich einen Super-Rillen-Fräser für den Hobby-Keller, der wahrscheinlich zeitlebens nur einmal zum Einsatz kommt. Gönnen Sie sich also für Ihre Muffin-Backstube ruhig auch ein paar »Spezialwerkzeuge«.

Messbecher
Oft werden kleinere Flüssigkeitsmengen wie 50 ml, 100 ml, 125 ml usw. benötigt. Besorgen Sie sich dafür einen Messbecher, der auch diese kleinen Mengen genau anzeigt. Es gibt sie in gut sortierten Haushaltswarengeschäften. Zur Not geht auch ein Messbecher aus dem Laborbedarf. Achten Sie darauf, dass der Messbecher spülmaschinengeeignet ist, damit auch nach dem Backen schnell alles wieder weggeräumt ist.

Teigschaber

Ein großer Teigschaber aus festem Gummi mit Stiel wird wahrscheinlich schon zu Ihrer Küchenausstattung gehören. Besorgen Sie sich die Mini-Ausführung (kleines Gummi-Teil, langer Stiel), um damit die gebackenen Muffins aus den Backformen herauszulösen.

Getreidemühle

Vollkornmehl verliert bei längerer Lagerung wertvolle Inhaltsstoffe und wird außerdem leicht ranzig. Deshalb ist es besser, die Körner nach Bedarf vor dem Backen frisch zu vermahlen. Getreidemühlen in den haushaltsüblichen Größen sind in Naturkostläden und Reformhäusern erhältlich. Auch viele Öko-Versandhändler führen Getreidemühlen in ihrem Sortiment. Außerdem werden zu vielen Küchenmaschinen Getreidemühlen als Zusatzgeräte angeboten. Informieren Sie sich im Fachhandel!

Rührschüsseln

Bei der klassischen Art, Muffins zuzubereiten, werden die trockenen Zutaten in einer Schüssel vermischt und die feuchten Zutaten in einer zweiten Rührschüssel. Dann werden beide Mischungen zusammengerührt. Sie benötigen also zwei entsprechend große Schüsseln.

Mixer

Ein Mixer ist ein sehr praktisches Haushaltsgerät. Ich benutze meinen Mixer fast täglich – von Bananenmilch bis Kartoffelpufferteig schafft er wirklich alles.

Bei Muffin-Rezepten kommt ein Mixer immer dann zum Einsatz, wenn Obst oder Gemüse sehr fein zerkleinert werden soll, beispielsweise Orangen oder Bananen. Mixen Sie dann gleich alle anderen feuchten Zutaten mit und geben Sie diese Masse dann ausnahmsweise (entgegen der klassischen Muffin-Bäckerei) in die Schüssel mit den gemischten trockenen Zutaten. Spart Geschirr!

Küchenwaage

Eine Küchenwaage zum Abwiegen der Rezepte wird natürlich auch beim Muffin-Backen gebraucht. Besonders praktisch sind hier die Waagen, deren Skala zum Zuwiegen immer wieder auf Null gestellt werden kann. So können Sie die trockenen Zutaten des Muffin-Rezeptes nacheinander in der Waage-Schüssel zusammen abwiegen und auch gleich mischen. Die Schüssel samt Waage nach Gebrauch mit einem feuchten Tuch abwischen, und schon kann sie wieder weggepackt werden.

Mengenlehre für die Backstube

Für alle, die lieber mit Tassen und Esslöffelmaßen arbeiten, folgen hier noch einige Umrechnungshilfen:

1 TL	5 ml
1 EL	15 ml

In England und Nordamerika, den Ursprungsländern der Muffins, wird oft mit Tassen (cups) als Maßeinheit gearbeitet.

1 Tasse	250 ml
¾ Tasse	175 ml
½ Tasse	125 ml
⅓ Tasse	80 ml
¼ Tasse	60 ml

Wer es noch genauer mag, kann sich an der folgenden Tabelle orientieren. Ausgewählt wurden Zutaten, die bei der Muffin-Bäckerei am häufigsten verwendet werden.

Feuchte Zutaten

1 EL Öl	10 g
1 EL Butter	10 g

1 EL Milch	15 g
1 EL Buttermilch	15 g
1 EL Joghurt	20 g
1 EL Quark, gehäuft	30 g
1 EL Fruchtsaft	15 ml
1 EL Marmelade	10 g
1 EL Honig	20 g

Trockene Zutaten

1 EL Mehl	10 g
1 Tasse Mehl	140 g
1 EL Haferflocken	10g
1 Tasse Haferflocken	100 g
1 EL Haselnüsse, gem.	5 g
1 EL Mandeln, gehackt	10 g
1 EL Mandelblätter	6 g
1 EL Kakaopulver	5 g
1 EL Roh-Rohrzucker	15 g

Obst und Gemüse

1 mittelgroßer Apfel	125 g
1 mittelgroße Orange	200 g
1 mittelgroße Aprikose	50 g
1 kleine Banane	125 g
1 mittelgroße Möhre	100 g
1 mittelgroße Tomate	65 g

Kleine Warenkunde

Backpulver
Dient als Triebmittel beim Backen. Man sollte möglichst Wein-
stein-Backpulver verwenden, bei dem anstelle von anorgani-
schem Phosphat Weinstein als Säuerungsmittel benutzt wird.
Dabei handelt es sich um das Salz der Weinsäure, das bei der
Weinherstellung anfällt.

Natron
Natron ist in England und Amerika das klassische Treibmittel
für Muffins. Dort ist es als *baking soda* bekannt und wird oft
anstelle von Backpulver benutzt. Die große Triebkraft des Na-
trons macht mit den charakteristischen Muffins-Teig aus.
Schon im Altertum gewannen die Ägypter es aus den Seen
des *Tales Natron*, wo es auch heute noch natürlich vorkommt.
In Europa wird Natron aus Kochsalz gewonnen, indem Chlor
gegen Karbonat (= Kohlensäure) ausgetauscht wird.
Wer auf Natron verzichten möchte, kann statt dessen die glei-
che Menge Backpulver verwenden. Diese Muffins werden
dann etwas schwerer und schmecken eher wie kleine Kuchen.

Salz
Salz ist nicht gleich Salz. Das »normale« Haushaltssalz unter-
liegt ähnlich wie Zucker einem hohen Raffinationsprozess. Es

besteht fast ausschließlich aus Natriumchlorid, dem zur besseren Streufähigkeit Rieselhilfsstoffe und für die Optik Farbstoffe zugesetzt werden. Für diätetische Zwecke ist der Zusatz von Jod oder Fluorid erlaubt, das muss dann jeweils deklariert sein. Meersalz enthält im Vergleich dazu 93 bis 97 % Natriumchlorid, der Rest sind andere Mineralstoffe und Spurenelemente. Für die Gewinnung von Meersalz wird Meerwasser in flachen Becken von der Sonne getrocknet. Die Rückstände – das Salz – werden lediglich von Verschmutzungen gereinigt und in Salzmühlen gemahlen. Je nach Fundort und Art der Gewinnung fällt es in Zusammensetzung, Farbe und Konsistenz unterschiedlich aus. Das hier in Naturkostläden und Reformhäusern erhältliche Meersalz wird hauptsächlich an den Mittelmeer- und Atlantikküsten Südeuropas gewonnen.

Mehl

Mehl aus dem vollen Korn enthält – im Gegensatz zum Weißmehl – nicht nur den fein vermahlenen Mehlkörper, sondern auch noch die vitamin- und mineralstoffreichen Randschichten und den Keimling. Für die vollwertige Ernährung sollte deshalb Vollkornmehl – und dieses immer möglichst frisch gemahlen – verwendet werden. Nur so bleiben die wertvollen Inhaltsstoffe erhalten.

Damit die Muffins leicht und zart schmecken, kann man sich eines kleinen Tricks bedienen: Man lässt das Mehl zweimal

durch die Getreidemühle laufen. So erhält man ein vollwertiges Produkt, das dennoch ein feines Backergebnis liefert.

Öl
Für die Muffin-Bäckerei eignen sich am besten Öle mit wenig Eigengeschmack wie Maiskeim-, Weizenkeim- und Sonnenblumenöl. Verwenden Sie durch Pressung oder Zentrifugation gewonnene, naturbelassene Öle, lösungsmittelextrahierte und raffinierte Öle sind minderwertiger!

Eier und Milchprodukte
Bei tierischen Produkten wie Milch und Eiern sollte man darauf achten, dass diese aus einer artgerechten Tierhaltung stammen. Übrigens ist auch die »Bodenhaltung« nicht das Gelbe vom Ei, denn auch hier müssen sich immer noch 10 Hühner einen Quadratmeter Stallboden teilen. Erst bei »Freilandhaltung« kann man von glücklichen Hühnern sprechen. Je nach Betrieb stehen jedem Huhn 2,5 bis 10 Quadratmeter zur Verfügung. Am besten kauft man die Eier direkt beim Erzeuger, dann kann man sich von der Lebensqualität der Hühner selbst einen Eindruck verschaffen!

Honig
Honig entsteht aus Blütennektar und Honigtau, der von Bienen gesammelt und in deren Mägen durch körpereigene Enzyme in Honig umgewandelt wird. Das ganz spezielle Aroma des

Honigs ist abhängig von der Pflanze, die den Bienen den Nektar lieferte. Es gibt sehr milde Honigsorten, aber auch kräftig würzige. Am besten probiert man einige Honige aus, um die unterschiedlichen Geschmacksnuancen kennen zu lernen.

Honig besteht zu etwa 80 % aus Zucker und zu etwa 20 % aus Wasser; die Zusammensetzung der Zuckerarten variiert je nach Sorte. Neben Traubenzucker (Glucose) und Fruchtzucker (Fructose) finden sich in kleineren Mengen andere Zuckerarten wie Malzzucker, Rohrzucker und Mehrfachzucker. Honig enthält dazu noch viele andere wertvolle Inhaltsstoffe: Enzyme, Säuren, Aromastoffe, Hormone, Vitamine, Mineralstoffe und Spurenelemente. Allerdings gehen diese wertgebenden und heilenden Inhaltsstoffe des Honigs fast vollständig verloren, wenn der Honig für längere Zeit auf über 40° C erhitzt wird. Deshalb ist es auch nicht unumstritten, Honig als Süßungsmittel beim Backen zu verwenden.

Wenn Sie Honig lieber abmessen als abwiegen:
1 EL Honig entspricht je nach Sorte 15 bis 20 g.

Roh-Rohrzucker

Zuckerrohrsaft wird im Vakuum eingedickt. Durch Zugabe von kleinen Zuckerkristallen wird die Kristallisation gefördert, der auskristallisierte Roh-Rohrzucker wird anschließend in Zentrifugen isoliert. Man unterscheidet Demerara (98 % Saccharose, 2 % Melasse) aus der ersten Kristallisation, heller Muscovado (94 % Saccharose, 6 % Melasse), dunkler Muscovado (87 %

Saccharose, 13 % Melasse) und Melasse (80 % Saccharose, 20 % Melasse) aus der zweiten Kristallisation. Die Trennung erfolgt auch hier wieder durch Zentrifugieren. Je höher der Melassegehalt, desto dunkler und geschmacksintensiver wird der Zucker und desto größer ist der Mineralstoffgehalt.

Vollrohrzucker

Zuckerrohrsaft wird im Vakuum eingedickt. Durch Zugabe von kleinen Zuckerkristallen wird die Kristallisation gefördert. Die Zuckerkristalle werden hier jedoch nicht vom Sirup abgetrennt, sondern beides wird zusammen getrocknet. Vollrohrzucker (ca. 80 % Saccharose, 2 – 7 % Glukose, 2 – 9 % Fructose) – unter dem Namen Ursüße, Succanat, Rapadura im Handel – hat einen karamelartigen Geschmack.

In den Rezepten wird nur Rohrzucker angegeben. Entscheiden Sie sich für die Art von Süße, die Ihrem Geschmack am ehesten entspricht.

Ahornsirup

Ahornbäume werden im Frühjahr noch vor der Blüte angezapft, der herausfließende Saft wird gesammelt und durch Kochen eingedickt. Da für einen Liter Sirup etwa 40 Liter Saft benötigt werden, ist Ahornsirup relativ teuer. Im Naturkosthandel angebotener Ahornsirup kommt weitgehend aus kontrolliert biologischem Anbau.

Schokolade

Schokolade aus dem Naturkosthandel ist ein klassisches Aus-
tauschprodukt: Anstelle von Industriezucker wird Vollrohrzucker aus kontrolliert biologischem Anbau verwendet, und
auch den Hauptrohstoff Kakao sowie Nüsse, Milchpulver und
Vanille gibt es in kontrolliert biologischer Qualität. Der Emulga-
tor Lecithin wird nach Möglichkeit nicht mit Lösungsmitteln
extrahiert, sondern durch physikalische Prozesse gewonnen.
Ein weiteres wichtiges Kriterium für die »Naturkostschokolade«
ist, dass der Rohstoff Kakao meist aus Fairem Handel stammt,
d. h. die Anbauer bekommen einen faireren, höheren Erlös für
ihr Produkt als auf dem normalen Weltmarkt.
Aus Kakao oder Schokolade gibt es auch im Naturkosthandel
viele verschiedene Folgeprodukte, u. a. Kuchenglasuren.

Carob

Carob, auch Johannisbrot genannt, wird wegen seiner Ähn-
lichkeit zu Kakao geschätzt. Carob ist weniger fetthaltig als
Kakao und frei von den stimulierenden Wirkstoffen Theobro-
min und Koffein. Es wird zu Carob-Schokolade, Carob-überzo-
genen Süßigkeiten und Süßspeisen verarbeitet. Eigentlich wird
so ziemlich alles aus Carob hergestellt, was es auch aus Kakao
oder Schokolade gibt. Meine ganz persönliche Meinung dazu:
Carob sieht aus wie Schokolade, riecht wie Schokolade,
schmeckt aber nach Carob ...

Bewußt einkaufen

»Lasst die Nahrung so natürlich wie möglich.« Gönnen Sie sich und Ihrer Familie Lebensmittel, so schonend und natürlich hergestellt wie möglich.

Bevorzugen Sie Produkte aus biologischem Landbau. In der ökologischen Landwirtschaft wird auf den Einsatz von Kunstdüngern und chemischen Unkraut- und Schädlingsbekämpfungsmitteln konsequent verzichtet. Auch die Verarbeitung erfolgt schonend und frei von unerwünschten Zusatzstoffen. So wird z. B. auf Haltbarmachung durch radioaktive Bestrahlung verzichtet; gentechnisch behandelte Pflanzen werden abgelehnt. Wer soweit wie möglich Zutaten aus biologischem Anbau verwendet, tut nicht nur sich selbst etwas Gutes, sondern unterstützt auch den Umweltschutz.

Die Warenzeichen der Anbauverbände (z. B. *Demeter* und *Bioland)* und das staatliche »Bio-Siegel«, mit dem zusätzlich zum brancheneigenen Bio-Blatt und dem neuform-Zeichen auch die kontrolliert-biologischen Produkte im Reformhaus gekennzeichnet werden, helfen beim Einkauf. Seit 1991 sind die Begriffe »Bio« oder »Öko« durch eine EU-Verordnung geschützt. Ein Produkt aus ökologischem Landbau muss demnach mindestens 95% Zutaten aus kontrolliert biologischem Anbau (kbA) enthalten. Die Verordnung regelt Methoden, Verarbeitung und Kontrollen der landwirtschaftlichen Betriebe sowie den Import von pflanzlichen Öko-Erzeugnissen aus Nicht-EU-Ländern. Auf der Verpackung muss die EU-Kontrollstelle oder deren Code genannt werden.

Diese Lebensmittel sind vor allem im Reformhaus oder im Naturkostladen erhältlich. Das Angebot reicht hier von Getreideprodukten, Brot und Vollkorn-Gebäck, Nüssen, Ölsaaten, über

Feinkost- und Gemüse-Erzeugnisse, Obst- und Gemüsesäfte, vegetarische Spezialitäten bis hin zu Milch- und Milcherzeugnissen, verschiedensten Teesorten, Ölen und Fetten sowie diversen süßen sowie fruchtigen Brotaufstrichen. Lassen Sie sich dort ausführlich beraten und entdecken Sie wieder den Genuss an gesunder Nahrung.

Fairer Handel

Produkte aus Dritte-Welt-Ländern werden mittlerweile im »Fairen Handel« angeboten. Fair Handeln heißt, die Bedingungen für ein menschenwürdiges Leben in der Dritten Welt zu schaffen. Die Erzeuger von Produkten wie Kaffee, Tee, Zucker, Kakao, Bananen oder Orangensaft erhalten ein angemessenes Einkommen, das ihre Lebensgrundlage sichert. Die Produzenten verdienen genug, um auch in Bildung, medizinische Versorgung und Altersvorsorge investieren zu können. Der Faire Handel ist keine Verteilung von Almosen, sondern eine gleichberechtigtere Partnerschaft.

In vielen Ländern werden Bioprojekte durch Initiativen wie die *gepa* oder auch Verbände wie die *neuform* und ihre Vertragswaren-Hersteller initiiert, gefördert und aktiv unterstützt.

Obst und Gemüse nach Saison

Denken Sie auch daran, dass weite und aufwändige Transportwege die Umwelt belasten. Kaufen Sie Obst und Gemüse nach der Jahreszeit. Frische Erdbeeren im Winter sind sicherlich ein fragwürdiger Luxus! Der Gemüsekalender auf den beiden nachfolgenden Seiten zeigt Ihnen, wann Obst- und Gemüsesorten aus einheimischem Anbau verstärkt im Angebot sind.

Gemüsekalender (Angebot aus einheimischem Anbau)

	Jan.	Feb.	März	April	Mai	Juni	Juli	Aug.	Sept.	Okt.	Nov.	Dez.
Blumenkohl						●						
Brokkoli							●	●	●	●	●	
Buschbohnen							●	●	●	●		
Erbsen						●	●					
Frühlingszwiebeln						●	●					
Gartenkresse				●			●	●	●			
Gurken						●	●	●	●			
Kartoffeln	○	○	○	○	○	●	●	●	●	●	●	○
Kopfsalat					●	●	●	●	●	●	○	
Kürbis	○	○						●	●	●	○	●
Lauch	●	●	●					●	●	●	●	●
Mangold								●	●	●		
Paprika								●	●	●		
Radieschen				●	●	●	●	●	●	●		
Sommermöhren					●	●	●	●	●	●		
Spargel				●	●							
Spinat				●	●	●	●	●	●	●		
Tomaten							●	●	●	●		
Wintermöhren	○	○	○				●	●	●	●	○	○
Zucchini		○	○					●	●	●		
Zwiebeln	○	○	○					●	●	●	○	○

Zeichenerklärung: ● großes Angebot ○ geringeres Angebot bzw. Angebot aus Lagerbeständen

Obstkalender (Angebot aus einheimischem Anbau)

	Jan.	Feb.	März	April	Mai	Juni	Juli	Aug.	Sept.	Okt.	Nov.	Dez.
Äpfel	■	■	■	■	□	□		○	●	●	●	■
Aprikosen						○		●				
Birnen	□	□					○	●	●	●	■	□
Brombeeren								●	○			
Erdbeeren					○	●	●					
Hagebutten									●	●		
Heidelbeeren						●	●	●	●			
Himbeeren						●	●	●				
Rote Johannisbeeren					○	○						
Schwarze Johannisbeeren					●							
Kirschen							●	●				
Melonen						○		●	○	○		
Mirabellen						●	●	●				
Pfirsiche							○	●	○			
Pflaumen						○	○	●	●	○		
Preiselbeeren									●	●		
Quitten									●	●		
Reineclauden								●				
Rhabarber				○	●	●	○					
Stachelbeeren						○	●					
Trauben									●	●	○	■

Zeichenerklärung:
- ● großes Angebot, frische Ernte   ○ geringeres Angebot, frische Ernte
- ■ großes Angebot aus Lagerbeständen   □ geringeres Angebot aus Lagerbeständen

33

Dekorationen

Glasuren

Glasuren werden nach dem Backen mit einem Backpinsel auf die abgekühlten Muffins aufgestrichen. Bei einer größeren Menge von Muffins die Glasur in einen Suppenteller geben und die Muffins einfach eintauchen. Die Glasur kann zusätzlich mit Nüssen, Sesam, Obststückchen, Bananenchips oder geraspelter Schokolade garniert werden.

Zum Garnieren gibt es mittlerweile auch im Naturkosthandel all die süßen leckeren Sachen wie Schokolinsen, Schokolade und sogar Gummibärchen aus vollwertigen Zutaten. Muffins für den Kindergeburtstag können deshalb auch ruhig mal so richtig quietschbunt ausfallen!

Honigglasur
150 g Butter / 100 g Honig / ½ TL Vanillepulver

Die Butter weich rühren. Honig und Vanillepulver dazugeben und zu einer glatten Masse verarbeiten.

Aprikosenglasur
2 EL Aprikosenmarmelade / 1 EL Wasser

Die Aprikosenmarmelade durch ein Sieb streichen und mit dem Wasser glatt rühren. Mit einem Pinsel auf die noch warmen Muffins auftragen.

Schokoladenglasur
100 g Schokolade (oder Carob-Riegel) / süße Sahne

Die Schokolade im Wasserbad schmelzen und so viel Sahne nach und nach unterziehen, dass eine zarte streichfähige Glasur entsteht. Noch warm verarbeiten.

Im Naturkosthandel gibt es außerdem schon fertige Kuvertüren in den Geschmacksrichtungen Vollmilch und Halbbitter zu kaufen.

Frischkäsecreme

200 g Frischkäse / 2 EL Flüssigkeit
(z. B. Zitronensaft, Milch usw.) / 1 EL Honig

Alle Zutaten glatt rühren und mit einem breiten Messer auf die abgekühlten Muffins streichen.

Die Grundzutat dieser Cremes ist immer Frischkäse. Mit der Flüssigkeit kann man leicht den Geschmack variieren. Zitronensaft schmeckt sehr frisch und passt gut zu allen Obstmuffins. Für Heidelbeermuffins bietet sich Heidelbeersaft an: Die Creme erhält dadurch auch gleich die passende zartlila Farbe. Andere Farbeffekte erzielen Sie mit Kirschsaft, Orangensaft, starkem (Getreide-)Kaffee usw.
Weiche Früchte wie Erdbeeren oder Pfirsiche können ebenfalls zu der Creme gegeben und im Mixer zu einer glatten Masse verarbeitet werden. Je nach Feuchtigkeitsgehalt der Früchte noch etwas Flüssigkeit zugeben. Bei Früchten, die leicht an der Luft braun werden (Bananen, Avocados) als Flüssigkeit Zitronensaft verwenden.

Variante: Klein geschnittene Fruchtstückchen in die Creme einrühren und mit dem gleichen Obst dekorieren.

Herzhafte Frischkäsecreme
200 g Frischkäse / 1 EL Sahne /
1 EL geriebener Käse /
Salz / Pfeffer

Alle Zutaten zu einer glatten Creme rühren und einen Klecks davon auf jeden Muffin geben. Geben Sie je nach Rezept oder Geschmack klein gehackte Kräuter, Zwiebeln, Knoblauch oder verschiedene klein geschnittene Gemüse dazu.

Nussmus-Creme
100 g Nussmus / Milch

Das Nussmus mit so viel Milch verrühren, dass eine gut streichfähige Masse entsteht. Ist die Creme noch zu zähflüssig, lässt sie sich nur schwer gleichmäßig verstreichen. Mit einem breiten Messer auf die Muffins streichen.

Im Naturkosthandel werden viele Nussmuse angeboten, die sich einfach zu leckeren Cremes verarbeiten lassen.

Tipp: Probieren Sie auch einmal eine Creme aus weißem Mandelmus (aus ungerösteten, blanchierten Mandeln). Mit dieser weißen Creme und einer dunkelbraunen Haselnuss- oder Schokocreme kann man ganz tolle Spiraleffekte erzielen.

Marzipan

Mit Marzipan können Muffins ganz toll dekoriert werden. Einfach zwischen zwei Lagen Pergamentpapier dünn ausrollen und mit einem runden Ausstechförmchen oder einem passenden Glas Kreise ausstechen und die Muffins damit belegen. Wer es etwas poppiger mag, färbt das Marzipan bunt ein. Spinatsaft färbt grün, Rote-Bete-Saft rot, Safran oder Curcuma gelb usw.

Aus Marzipan lassen sich auch schöne Figürchen formen. Kleine Mäuschen mit Augen aus Rosinen und Barthaaren aus Mandelstiften oder zur Weihnachtszeit kleine Nikoläuschen mit roter Zipfelmütze sind gerade für Kinder ein großer Spaß.

Grundrezept Marzipan
200 g süße Mandeln / 2 bittere Mandeln / 6 EL Honig

Die Mandeln kurz mit kochendem Wasser überbrühen, in ein Sieb geben und mit kaltem Wasser abschrecken. Die braunen Häutchen lassen sich nun leicht entfernen. Die Mandeln sehr fein mahlen. Den Honig hinzufügen und alles zu einer glatten Masse verarbeiten.

Marzipan lässt sich gut einige Zeit im Kühlschrank aufbewahren. So haben Sie immer einen Grundvorrat zur Hand und können schnell hübsche Dekorationen und leckere Füllungen daraus machen.

Tipp: Sollen kleinere Kinder von dem Marzipan essen, lässt man die Bittermandeln weg und gibt statt dessen einige Tropfen Rosenwasser (aus der Drogerie oder Apotheke) dazu. Bittermandeln enthalten Blausäure und können in größeren Mengen bei Kleinkindern Vergiftungserscheinungen auslösen.

Grundrezept Sojamarzipan
5 EL gekochte gelbe Sojabohnen / 3 EL Honig /
½ TL Zitronensaft

Alle Zutaten im Mixer pürieren und für etwa 2 Stunden im Kühlschrank fest werden lassen.
Sojamarzipan kann ebenfalls eingefärbt oder parfümiert (Rosenwasser, Bittermandelöl, Sesampaste) werden.

Mitgebackenes

Bei vielen Muffinrezepten lässt sich die Dekoration sogar mitbacken. Gerade die herzhaften Varianten schmecken besonders lecker, wenn sie vor dem Backen mit etwas Wasser oder Milch bestrichen werden und dann je nach Geschmack und Rezept mit Sesam, Leinsamen, Haferflocken, Kürbiskernen, Pistazien, Nusshälften oder -stückchen, Kümmel, grobem Salz, geriebenem Käse oder Mohn bestreut werden. Vorsichtig andrücken und einfach mitbacken.

Für die süßeren Muffins hier noch zwei Arten von Belag zum Mitbacken, die sich immer wieder gut machen:

Kokosbelag
100 g Butter / 120 g Rohrzucker /
1 EL Milch / 100 g Kokosflocken / Milch zum Bestreichen

Die Butter zerlassen und mit den restlichen Zutaten verrühren. Die Muffins mit etwas Milch bestreichen und die Kokosmasse darauf geben und mitbacken.

Kokosbelag eignet sich für alle Muffins mit fruchtiger, exotischer Note.

Sesam-Nuss-Streusel

150 g Weizen / 50 g Nüsse / 100 g Butter /
70 g Rohrzucker / 1 TL Zimtpulver /
2 EL Sesam / Milch zum Bestreichen

Den Weizen fein mahlen, die Nüsse grob hacken. Alle Zutaten
mit den Händen zu groben Streuseln verarbeiten. Die Muffins
mit etwas Milch bestreichen und die Streusel darauf streuen
und mitbacken.

Sesam-Nuss-Streusel schmecken gut zu allen Arten von Obstmuffins.

Grundrezepte

Grundrezept Brandteigmuffins
100 g Weizen / ⅛ l Milch / 80 g Butter /
1 Prise Salz / 3 Eier

Den Weizen fein mahlen. Die Milch mit Butter und Salz zum Kochen bringen und das Mehl auf einmal hineinschütten. Unter Rühren bei mittlerer Hitze kochen lassen, bis der Teig einen Kloß bildet und der Topfboden von einer dünnen Schicht bedeckt ist. Den Teig in eine Rührschüssel geben und ruhen lassen, bis er nur noch lauwarm ist. Nun nach und nach die Eier unterrühren.

Die Muffinformen fetten oder Papierförmchen benutzen. Den Teig auf die Formen verteilen und bei 175° C etwa 20 Minuten backen. Stellen Sie eine kleine Schüssel mit Wasser beim Backen in den Backofen. So werden die Muffins besonders lecker! Oder verteilen Sie den Teig auf nur elf der zwölf Muffinförmchen und füllen Sie eine der Vertiefungen statt dessen mit Wasser.

Die Muffins einige Minuten ruhen lassen und aus den Formen nehmen. Noch warm quer durchschneiden und erkalten lassen.

Füllen Sie die Brandteigmuffins mit süßen oder pikanten Cremes, Früchten, und, und, und ...

Grundsätzliches zu Blätterteigmuffins

Blätterteig ist eine leckere Sache. Allerdings braucht die fachgerechte Zubereitung etwas Zeit. Für Eilige gibt es dafür inzwischen tiefgekühlten Blätterteig als Halbfertigprodukt zu kaufen. Tiefgekühlter Blätterteig aus Vollkornmehl wird in gut sortierten Naturkostläden oder Reformhäusern angeboten – sofern diese Läden über eine Tiefkühltheke verfügen. Fragen Sie in Ihrem »Hausladen« ruhig einmal nach, vielleicht kann man ihn Ihnen bestellen. Manchmal wird auch ein wenig Detektivarbeit nötig sein. Also, wenn es Ihnen gelingt, solchen zu beschaffen, greifen Sie zu und decken Sie sich gleich mit einem kleinen Vorrat davon ein. Erstens ist er ja eine Zeit lang haltbar und zweitens kann man daraus im Handumdrehen die leckersten Sachen backen – nicht nur Muffins.

Und so wird's gemacht: Den tiefgekühlten Blätterteig aus der Verpackung nehmen und die Blätter einzeln auslegen. In etwa 30 Minuten sind sie so weit aufgetaut, dass man sie optimal verarbeiten kann. Wenn sie zu lange auftauen, werden sie leicht matschig und lassen sich dann viel schwerer verarbeiten. **Der Blätterteig darf auf keinen Fall geknetet werden!** Halbieren Sie die Scheiben mit einem scharfen Messer und rollen Sie sie auf einer leicht bemehlten Fläche nur wenig aus, so dass sie in etwa quadratisch sind.

Die Muffinformen werden für Blätterteig übrigens nur gefettet, wenn es sich um nicht-antihaftbeschichtete Formen handelt. Verwenden Sie antihaftbeschichtete Formen, brauchen Sie nicht zu fetten. Oder Sie verwenden Papierförmchen.

Legen Sie nun die Förmchen mit dem Teig aus. Dazu können Sie einfach die Teigquadrate so in eine Form packen, dass die vier Ecken überstehen. Nach dem Füllen werden die Ecken dann zusammengeschlagen, so dass die Füllung nicht mehr zu sehen ist. Bepinseln Sie den Teig mit einer Masse aus einem verquirlten Eigelb und einem Esslöffel Milch oder Sahne. So bekommt der Blätterteig eine schöne braune Färbung.

Sie können aber auch aus den Blätterteigquadraten Kreise schneiden (etwa 12 cm Durchmesser) und die Förmchen dann so mit dem Teig auslegen, dass der Teig glatt mit dem Rand abschließt. Dann ist die Füllung noch zu sehen. Das Bestreichen fällt dann natürlich auch weg. Die Kreise werden am schönsten, wenn Sie eine kleine Schüssel mit geeignetem Durchmesser auf den Teig auflegen und mit einem scharfen Messer am Rand entlang fahren. Den »Verschnitt« können Sie mit Eigelb bestreichen und mit geriebenem Käse oder Mohn, Kümmel o. Ä. bestreuen und separat in etwa fünf Minuten als Knabbergebäck backen.

Für alle, die gerne alles selbst machen wollen, im folgenden ein Grundrezept zur Bereitung eines Vollkornblätterteigs:

Grundrezept Vollkornblätterteig
250 g Weizen / 120 g kaltes Wasser /
1 Prise Salz / 250 g gut gekühlte Butter

Den Weizen fein mahlen.Wasser und Salz dazugeben und rasch zu einem glattenTeig kneten. Der Teig sollte nicht mehr kleben! Aus dem Teig eine Kugel formen, diese kreuzweise einschneiden und für eine Stunde im Kühlschrank durchkühlen lassen.

Die Butter zwischen zwei Lagen Pergamentpapier zu einem Rechteck von 1 cm Dicke ausrollen. Im Kühlschrank wieder gut kühlen.

Auf einer leicht gemehlten Fläche den Mehl-Wasser-Teig zu einem Rechteck von gleicher Länge, aber doppelter Breite wie das Butter-Rechteck ausrollen. Die Butter auf die eine Teighälfte legen und mit der anderen Hälfte zudecken (1).

(1)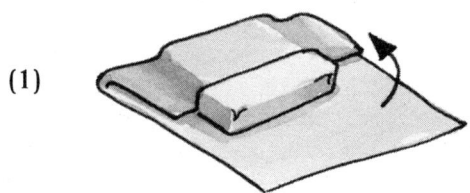

Die Ränder fest andrücken. Mit dem Nudelholz vorsichtig den Teig zu einem länglichen Rechteck ausrollen (2).

(2)

Die Schmalseiten des Rechtecks zur Mitte hin umschlagen (3).

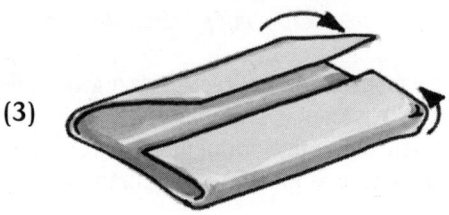

(3)

Noch einmal den Teig zur Mitte hin umschlagen (4).

(4)

Nun sind vier Schichten entstanden. Dieses Päckchen für etwa 30 Minuten im Kühlschrank kühlen.

Der Teig sollte insgesamt noch dreimal auf diese Weise behandelt, d. h. ausgerollt und zweimal zusammengefaltet werden. Dazwischen immer gut kühlen, damit der Teig möglichst wenig klebt und mit ganz wenig Mehl ausgerollt werden kann. Denn Teig abschließend mindestens 1 Stunde im Kühlschrank ruhen lassen.

Achten Sie bitte darauf, den Blätterteig immer nur in eine Richtung zu falten! So bilden sich die charakteristischen Blätterschichten.

Blätterteig läßt sich übrigens sehr gut auf Vorrat zubereiten und tiefgekühlt aufbewahren.

Grundrezept Quarkblätterteig

250 g Weizen / 250 g Quark /
250 g weiche Butter / 1 Prise Salz

Den Weizen fein mahlen. Den Quark gut abtropfen lassen. Alle Zutaten zu einem weichen Teig verkneten und im Kühlschrank mindestens 2 Stunden ruhen lassen.

Der Teig kann nun wie echter Blätterteig in Touren verarbeitet werden (ausrollen, falten und kühl stellen). Man kann ihn aber auch gleich so weiterverarbeiten. Er ist dann ein Mittelding zwischen Blätter- und Plunderteig.

Frisch und saftig:
Muffins mit Früchten

Heidelbeermuffins

250 g Weizen / 1 Pck. Backpulver / 1 TL Natron /
1 TL Zimt / 1 Ei / 120 g Rohrzucker / 200 g Joghurt /
60 ml Öl / 200 g Heidelbeeren

Den Weizen fein mahlen und mit Backpulver, Natron und Zimt
mischen. In einer zweiten Schüssel das Ei leicht verquirlen.
Zucker, Joghurt und Öl zugeben und gut verrühren. Die Mehlmischung dazuschütten und leicht untermischen. Zum Schluss
die Heidelbeeren unterheben.
Den Teig in die Muffinformen füllen und bei 175° C etwa 15 Minuten backen.

Tipp: Heidelbeermuffins sind in Amerika die klassischen Muffins schlechthin. Dort werden größtenteils tiefgekühlte
Heidelbeeren verwendet, die aber auch wirklich noch
tiefgekühlt in den Teig kommen. Verwendet man aufge-
taute Früchte, gibt es einen ziemlichen Matsch. Auch
frische Heidelbeeren können Sie für eine halbe Stunde
kurz einfrieren und dann erst zum Teig untermischen.
So bleiben sie schön fest.

Apfel-Streusel-Muffins

250 g Weizen / 1 Pck. Backpulver / 1 TL Natron /
1 TL Zimt / 2 Äpfel / 1 Ei / 120 g Rohrzucker /
200 g Joghurt / 100 ml Öl
Streusel: 150 g Weizen / 50 g Nüsse / 100 g Butter /
70 g Rohrzucker / 1 TL Zimt / 2 EL Sesam

Den Weizen fein mahlen und mit Backpulver, Natron und Zimt mischen. Die Äpfel waschen, das Kerngehäuse entfernen, die Äpfel in kleine Stückchen schneiden und ebenfalls untermischen.

In einer zweiten Schüssel das Ei leicht verquirlen. Zucker, Joghurt und Öl zugeben und gut verrühren. Die Mehlmischung dazuschütten und leicht untermischen.

Für die Streusel den Weizen fein mahlen, die Nüsse grob hacken. Alle Zutaten mit den Händen zu groben Streuseln verarbeiten.

Den Muffinteig in die Formen füllen und die Streusel darauf verteilen. Bei 175° C etwa 15 – 20 Minuten backen.

Tipp: Wenn im Herbst die Äpfel reif werden, kommt die Zeit der Apfelrezepte: Apfelkuchen, Apfelsaft, Apfelmus, Dörräpfel, Apfelchutney ... Warum nicht auch einmal Muffins mit Äpfeln? Ein weiteres leckeres Rezept, um die Apfelmassen zu bewältigen.

Apfelmuffins

250 g Weizen / 1 Pck. Backpulver / 1 TL Natron / 1 Prise
Salz / 1 Ei / 100 g Honig / 100 ml Milch / 100 ml Öl /
3 Äpfel / 2 EL Aprikosenmarmelade / 1 EL Wasser

Den Weizen fein mahlen und mit Backpulver, Natron und Salz
mischen. In einer zweiten Schüssel das Ei verquirlen und Honig, Milch und Öl gut unterrühren. Die Mehlmischung dazugeben und kurz untermischen. Den Teig in die Muffinformen
füllen. Die Äpfel schälen, vierteln und die Kerngehäuse heraus-
schneiden. Die Apfelviertel auf der Außenseite mit einem scharfen Messer mehrmals einritzen. In jede Muffinform ein Apfel-
stück hineindrücken. Bei 175° C etwa 15 Minuten backen.
Die Muffins einige Minuten ruhen lassen und aus den Formen
nehmen. In der Zwischenzeit die Aprikosenmarmelade durch
ein Sieb streichen und mit dem Wasser glatt rühren. Mit einem
Pinsel auf die noch warmen Muffins auftragen.

Bananenmuffins

200 g Weizen / ½ Pck. Backpulver / 1 TL Natron /
½ TL Vanillepulver / 1 Prise Salz / 2 Bananen / 1 Ei /
100 g Joghurt / 100 g Rohrzucker / 100 ml Öl
Dekoration: 100 g Schokolade / 2 EL süße Sahne /
Bananenchips

Den Weizen fein mahlen. Mit Backpulver, Natron und den Gewürzen mischen. Die Bananen schälen und mit dem Ei, Joghurt, Rohrzucker und Öl im Mixer leicht schaumig schlagen. Die Masse auf die Mehl-Gewürz-Mischung geben und kurz untermischen.

Den Teig in die Muffinformen füllen und bei 175° C etwa 15 Minuten backen. Einige Minuten ruhen lassen und aus den Formen nehmen. Abkühlen lassen.

Die Schokolade im Wasserbad schmelzen und die Sahne nach und nach unterziehen. Noch warm mit einem Pinsel oder einem breiten Messer auf die Muffins auftragen und mit Bananenchips dekorieren.

Tipp: Bananenmuffins sind ein guter Resteverwerter für Bananen, die schon »sehr reif« sind und die man so eigentlich nicht mehr essen mag. Die überreifen Bananen sind aromatisch und verleihen den Muffins einen köstlichen Geschmack.

Kirsch-Mandel-Muffins

200 g Weizen / ½ Pck. Backpulver / 1 TL Natron /
1 Prise Salz / 2 Eigelb / 120 g Rohrzucker /
150 g Joghurt / 100 ml Öl / 200 g entsteinte Kirschen /
2 Eiweiß / 1 Prise Salz / 50 g Honig / 50 g Mandelblättchen

Den Weizen fein mahlen und mit Backpulver, Natron und Salz mischen. In einer zweiten Schüssel das Eigelb leicht verquirlen. Zucker, Joghurt und Öl zugeben und gut verrühren. Die Mehlmischung dazuschütten und leicht untermischen. Zum Schluss die Kirschen vorsichtig unterheben.

Das Eiweiß mit einer Prise Salz steif schlagen. Den Honig dazugeben und weiterschlagen, bis die Masse schnittfest ist.

Den Teig in die Muffinformen füllen, die Eiweißmasse darauf geben und mit den Mandelblättchen bestreuen. Bei 175° C etwa 15 Minuten backen.

Birnen-Walnuss-Muffins

200 g Weizen / ½ Pck. Backpulver / 1 TL Natron /
1 Prise Salz / 1 TL Zimt / 1 Ei / 120 g Rohrzucker /
200 g Joghurt / 100 ml Öl
Füllung: 4 Birnen / 2 EL Rohrzucker / 1 TL Zimt /
100 g gehackte Walnüsse
Dekoration: 12 Walnusshälften

Den Weizen fein mahlen und mit Backpulver, Natron und Gewürzen mischen.

In einer zweiten Schüssel das Ei leicht verquirlen. Zucker, Joghurt und Öl zugeben und gut verrühren. Die Mehlmischung dazuschütten und leicht untermischen.

Für die Füllung die Birnen schälen, Kerngehäuse entfernen und das Fruchtfleisch grob raspeln. Mit dem Rohrzucker, Zimt und den gehackten Walnüssen mischen.

Den Muffinteig etwa zur Hälfte in die Formen geben und die Birnenmischung darauf verteilen. Den restlichen Teig einfüllen und auf jeden Muffin eine Walnusshälfte drücken. Bei 175° C etwa 30 Minuten backen.

Orangen-Kokos-Muffins

200 g Weizen / 1 Pck. Backpulver / 1 TL Natron /
50 g Kokosflocken / ½ TL Vanillepulver / 2 Orangen /
1 Ei / 100 ml Öl / 120 g Rohrzucker
Dekoration: 200 g Frischkäse / 2 EL Orangensaft /
1 EL Honig

Den Weizen fein mahlen und mit Backpulver, Natron, Kokosflocken und Vanillepulver mischen.

Eine Orange schälen und in grobe Stücke schneiden, die andere Orange auspressen. 2 EL Orangensaft für die Dekoration
zurückbehalten, den restlichen Saft und das Fruchtfleisch in
einen Mixer geben und zusammen mit Ei, Öl und Zucker schaumig mixen. Diese Masse über die Mehlmischung geben und
kurz durchrühren.

Den Teig in die Muffinformen füllen und bei 175° C etwa 15 Minuten backen. Einige Minuten ruhen lassen und aus den Formen nehmen.

Für die Frischkäsecreme alle Zutaten glatt rühren und mit einem breiten Messer auf die abgekühlten Muffins streichen.

Stachelbeer-Streusel-Muffins

100 g Weizen / ½ Pck. Backpulver / 1 TL Natron / 1 Ei /
80 g Rohrzucker / 100 g Joghurt /
80 ml Öl / 1 Pck. Vanillepudding /
1 EL Honig / 200 ml Milch / 200 g Stachelbeeren
Streusel: 150 g Weizen / 50 g Nüsse / 100 g Butter /
70 g Rohrzucker / 1 TL Zimt

Den Weizen fein mahlen und mit Backpulver und Natron mischen.

In einer zweiten Schüssel das Ei leicht verquirlen. Zucker, Joghurt und Öl zugeben und gut verrühren. Die Mehlmischung dazuschütten und leicht untermischen, bis alle Zutaten feucht sind.

Den Vanillepudding mit 1 EL Honig und der Milch laut Packungsaufschrift zubereiten. Die Stachelbeeren unterrühren. Etwas abkühlen lassen.

Für die Streusel den Weizen fein mahlen, die Nüsse grob hacken mit der Butter, dem Zucker und dem Zimt zu groben Streuseln verkneten.

Den Muffinteig in die Formen füllen und die Stachelbeer-Puddingmischung darauf geben. Die Streusel darauf verteilen. Bei 175° C etwa 20 – 25 Minuten backen.

Rhabarbermuffins

*200 g Weizen / 1 Pck. Backpulver / 1 TL Natron / 2 Eigelb /
120 g Rohrzucker / 150 g Joghurt / 100 ml Öl /
2 frische Eiweiß / 1 Prise Salz / 100 g Honig /
200 g Rhabarber / 50 g Nüsse*

Den Weizen fein mahlen und mit Backpulver und Natron mischen.

In einer zweiten Schüssel das Eigelb leicht verquirlen. Zucker, Joghurt und Öl zugeben und gut verrühren. Die Mehlmischung dazuschütten und leicht untermischen, bis alle Zutaten feucht sind.

Das Eiweiß mit einer Prise Salz zu sehr steifem Schnee schlagen und nach und nach den Honig einfließen lassen. So lange weiterschlagen, bis eine feste Baisermasse entstanden ist. Den Rhabarber putzen und in kleine Stückchen schneiden. Die Nüsse grob hacken. Rhabarber und Nüsse auf das Baiser geben und vorsichtig unterheben.

Den Muffinteig in die Formen füllen und die Baisermasse darauf geben. Bei 175° C etwa 20 – 25 Minuten backen.

Beerenmuffins

250 g Weizen / 1 Pck. Backpulver / 1 TL Natron /
1 TL Vanillepulver / 1 Ei / 120 g Rohrzucker /
150 g Joghurt / 100 ml Öl / 200 g gemischte Beeren
(z. B. Erdbeeren, Heidelbeeren, Johannisbeeren, Himbeeren)

Den Weizen fein mahlen und mit Backpulver, Natron und Vanillepulver mischen. In einer zweiten Schüssel das Ei leicht verquirlen. Zucker, Joghurt und Öl zugeben und gut verrühren. Die Mehlmischung dazuschütten und leicht untermischen. Den Teig in die Muffinformen füllen und die Beeren darauf verteilen. Vorsichtig etwas in den Teig drücken. Die Muffins bei 175° C etwa 15 Minuten backen.

Tipp: Beerenmuffins sind ein typisches Frühsommer-Gebäck. Servieren Sie dazu ein frisches, gut gekühltes Milch-Mix-Getränk aus ¾ Liter Milch, 4 Bällchen Vanille-Eis, 2 EL Honig und 2 Handvoll Beeren (von denen es ja gerade im Übermaß gibt!). Im Mixer schaumig schlagen und in hohen Gläsern mit dicken Strohhalmen servieren.

Apfel-Blätterteig-Muffins
6 Scheiben Blätterteig (siehe Seite 47)
Füllung: 3 – 4 Äpfel / 2 EL Zitronensaft / 100 g Rosinen /
50 g gehackte Mandeln / 50 g Rohrzucker
zum Bestreichen: 1 Eigelb / 1 EL Milch

Die Blätterteig-Scheiben einzeln auf einer leicht bemehlten Fläche leicht ausrollen, halbieren und die Muffinformen so damit auslegen, dass die Ecken der Teigquadrate überstehen.
Die Äpfel schälen, Kerngehäuse entfernen und grob raspeln. Mit dem Zitronensaft mischen. Rosinen, Mandeln und Rohrzucker unter die Äpfel mischen und in die Formen füllen. Die Teigecken so umschlagen, dass die Muffins oben möglichst mit Teig bedeckt sind. Das Eigelb mit der Milch verquirlen und den Blätterteig damit bestreichen.
Bei 170° C 15 Minuten backen. Die Muffins etwas abkühlen lassen, aus den Formen nehmen und lauwarm oder kalt servieren.

Tipp: Diese Muffins lauwarm mit jeweils einem Klecks Schlagsahne und zwei Bällchen Vanille-Eis auf einem Teller anrichten und als Dessert servieren.

Spiegeleimuffins

6 Scheiben Blätterteig (siehe Seite 47)
Füllung: 1 Pck. Vanillepudding / 200 ml Milch /
(evtl. Honig oder Rohrzucker) / 30 g Butter /
12 halbe Aprikosen (frisch oder konserviert)
zum Bestreichen: ⅛ l Wasser / ½ Pck. farbloser Tortenguss

Den Vanillepudding laut Packungsanleitung mit der Milch zubereiten, so dass eine dickflüssige Creme entsteht. Die Butter dazugeben und weiterrühren, bis sie ganz geschmolzen ist und eine homogene Masse entsteht.

Die Blätterteig-Scheiben einzeln auf einer leicht bemehlten Fläche leicht ausrollen, halbieren und Kreise von etwa 12 cm Durchmesser ausschneiden. Die Muffinformen so damit auslegen, dass der Teig ungefähr bündig abschließt.

Die noch warme Puddingmasse einfüllen und in jede Form eine halbe Aprikose mit der Rundung nach oben setzen. Bei 170° C 10 – 15 Minuten backen. Die Muffins etwas abkühlen lassen und aus den Formen nehmen. Abkühlen lassen.

Den Tortenguss nach Vorschrift zubereiten und die Muffins damit bestreichen.

Tipp: Diese Muffins sehen wirklich einem Spiegelei sehr ähnlich. Die Aprikose sieht aus wie der Dotter, die Puddingmasse, die am Rand noch etwas herausschaut, wie das Eiweiß.

Kirsch-Blätterteig-Muffins

6 Scheiben Blätterteig (siehe Seite 47)
Füllung: 1 Pck. Tortenguss / ¼ l Wasser oder Fruchtsaft /
300 g entsteinte Kirschen (frisch oder konserviert)
zum Bestreichen: 1 Eigelb / 1 EL Milch

Die Blätterteig-Scheiben einzeln auf einer leicht bemehlten Fläche leicht ausrollen, halbieren und die Muffinformen so damit auslegen, dass die Ecken der Teigquadrate überstehen.

Den Tortenguss laut Packungsanleitung zubereiten. Die Kirschen hineinrühren und in die Formen füllen. Die Teigecken so umschlagen, dass die Muffins oben möglichst mit Teig bedeckt sind. Das Eigelb mit der Milch verquirlen und den Blätterteig damit bestreichen.

Bei 170° C 10 – 15 Minuten backen. Die Muffins etwas abkühlen lassen und aus den Formen nehmen. Abkühlen lassen.

Muffins pur –
mit viel Geschmack

Marmormuffins

250 g Weizen / ½ Pck. Backpulver / 1 TL Natron /
1 Prise Salz / 1 Ei / 120 g Rohrzucker / 100 ml Öl /
¼ l Milch / 3 EL Kakaopulver

Den Weizen fein mahlen. Mehl mit Backpulver, Natron und Salz mischen.

In einer zweiten Schüssel Ei, Rohrzucker, Öl und Milch gut verrühren. Die Mehlmischung hinzufügen und kurz durchrühren, bis alle Zutaten feucht sind.

Jeweils einen Esslöffel Teig in die Muffinformen füllen. Den restlichen Teig mit dem Kakaopulver dunkel färben und ebenfalls in die Formen geben. Mit einer Gabel oder einem Schaschlikspießchen vorsichtig etwas vermischen, damit das typische Marmormuster entsteht.

Bei 175° C 15 – 20 Minuten backen. Die Muffins einige Minuten ruhen lassen und aus den Formen nehmen.

Dörrobstmuffins

100 g Dörrobst (z. B. Pflaumen, Äpfel, Birnen, Feigen usw.) /
2 – 3 EL Wasser / 250 g Weizen / ½ Pck. Backpulver /
1 TL Natron / 1 TL Salz / 1 TL Zimt / 1 Ei /
100 g Rohrzucker / 100 ml Öl / 200 ml Milch
150 g Butter / 100 g Honig / 4 EL Kokosflocken

Das Dörrobst in kleine Stücke schneiden und mit 2 – 3 EL Wasser kurz aufkochen lassen. Abkühlen lassen.

Den Weizen fein mahlen. Das Mehl mit Backpulver, Natron, Salz und Zimt mischen.

In einer zweiten Schüssel Ei, Rohrzucker, Öl und Milch gut verrühren. Die Mehlmischung hinzufügen und kurz durchrühren, bis alle Zutaten feucht sind. Das Dörrobst dazugeben und vorsichtig unterheben.

Den Teig in die Muffinformen füllen. Bei 175° C etwa 15 Minuten backen. Die Muffins einige Minuten ruhen lassen und aus den Formen nehmen. Abkühlen lassen.

Die Butter weich rühren, den Honig dazugeben und zu einer glatten Masse verarbeiten. Die Muffins damit bestreichen und die Kokosflocken daraufstreuen.

Rosinen-Hefe-Muffins

250 g Weizen / ½ TL Salz / 70 ml Milch / 20 g Hefe /
1 Ei / 50 g Honig / 2 EL Öl / 100 g Rosinen /
2 EL Milch zum Bestreichen

Den Weizen fein mahlen. Mehl und Salz mischen. Die Milch
leicht erwärmen, die Hefe darin auflösen und in die Mehlmischung geben. Zusammen mit dem Ei, dem Honig und dem Öl
gut durchkneten.
Zugedeckt an einem warmen Ort 30 Minuten gehen lassen.
Die Rosinen dazugeben und ebenfalls gut unterkneten.
Aus dem Teig zwölf Kugeln formen und diese in gefettete Muffinformen setzen. Mit Milch bestreichen.
Bei 175° C etwa 15 Minuten backen. Aus den Formen nehmen
und etwas abkühlen lassen. Braucht etwas Zeit.

Tipp: Noch warm mit Butter und Marmelade zum Nachmittagstee – ein Genuss.

Zitronenmuffins

200 g Weizen / 50 g gemahlene Mandeln /
2 TL Backpulver / 1 TL Natron /
geriebene Schale einer halben Zitrone /
1 MSP Vanillepulver / 1 Ei /
100 g Rohrzucker / 100 ml Öl /
200 g Buttermilch / Saft einer Zitrone
Dekoration: 1 EL Honig / 1 EL Wasser / 2 EL Zitronensaft /
200 g Frischkäse / 2 EL Zitronensaft / 1 EL Honig /
etwas Zitronenschale

Den Weizen fein mahlen. Mit den gemahlenen Mandeln, dem
Backpulver, dem Natron, der (unbehandelten!) Zitronenschale
und dem Vanillepulver mischen.

In einer zweiten Schüssel das Ei mit dem Rohrzucker, dem Öl,
der Buttermilch und dem Zitronensaft gut verrühren. Die Mehlmischung dazugeben und so lange rühren, bis alle Zutaten
angefeuchtet sind.

Den Teig in die Muffinformen füllen. Bei 175° C etwa 15 Minuten backen. Die Muffins einige Minuten ruhen lassen und aus
den Formen nehmen.

Honig, Wasser und Zitronensaft gut miteinander verrühren.
Mit einem Zahnstocher die noch warmen Muffins mehrfach
einstechen und die Flüssigkeit mit einem Löffel auf die Muffins
geben. Abkühlen lassen.

Den Frischkäse mit Zitronensaft und Honig glatt rühren und
mit einem breiten Messer auf die Muffins streichen. Mit etwas
hauchdünn abgeschälter Zitronenschale dekorieren.

Schokomuffins

150 g Weizen / 100 g Zartbitterschokolade / 3 EL Kakao /
½ Pck. Backpulver / 1 TL Natron / 1 Prise Salz / 1 Ei /
100 g Rohrzucker / 100 ml Öl / 100 ml Milch

Den Weizen fein mahlen. Die Zartbitterschokolade auf einer groben Küchenreibe raspeln. Mehl, Kakao und Schokoraspel in eine Schüssel geben und mit Backpulver, Natron und Salz mischen.

In einer zweiten Schüssel Ei, Rohrzucker, Öl und Milch gut verrühren. Die Mehlmischung hinzufügen und kurz durchrühren, bis alle Zutaten feucht sind.

Den Teig in die Muffinformen füllen. Bei 175° C etwa 15 Minuten backen. Die Muffins einige Minuten ruhen lassen und aus den Formen nehmen.

Tipp: Die Muffins einfach so essen oder aber für alle Schokoladenfans noch extra mit Schokoladenguss überziehen. Man gönnt sich ja sonst nichts!

Erdnussmuffins

100 g Erdnüsse / 125 g Buchweizen / ½ Pck. Backpulver /
1 TL Natron / 1 Prise Salz / 1 Ei / 120 g Honig /
100 ml Öl / 150 ml Buttermilch
Dekoration: 100 g Erdnussmus / Milch /
50 g Erdnüsse, grob gehackt

Die Erdnüsse und den Buchweizen fein mahlen. Mit Backpulver, Natron und Salz mischen.

In einer zweiten Schüssel das Ei mit Honig, Öl und Buttermilch verrühren. Das Mehlgemisch dazugeben und so lange rühren, bis alle Zutaten angefeuchtet sind.

Den Teig in die Muffinformen füllen und bei 175° C etwa 20 Minuten backen. Die Muffins einige Minuten ruhen lassen und aus den Formen nehmen. Abkühlen lassen.

Für die Dekoration das Erdnussmus mit so viel Milch verrühren, dass eine geschmeidige, gut streichbare Masse entsteht. Sie sollte nicht zu dick sein, sonst lässt sie sich nicht gut aufbringen. Mit einem breiten Messer auf die Muffins streichen und mit den grob gehackten Erdnüssen bestreuen.

Zimt-Hefe-Muffins

250 g Weizen / ⅛ l Milch / 20 g Hefe / ½ TL Salz /
2 TL Zimt / 3 EL Öl / 50 g Rosinen / 1 EL Milch

Den Weizen fein mahlen. Die Milch leicht erwärmen und die Hefe darin auflösen. Zusammen mit Salz, Zimt und Öl zu dem Weizenmehl geben und gut durchkneten. Zugedeckt an einem warmen Ort 30 Minuten gehen lassen. Die Rosinen dazugeben und ebenfalls gut unterkneten.

Aus dem Teig zwölf Kugeln formen und diese in gefettete Muffinformen setzen. Mit Milch bestreichen.

Bei 175° C etwa 15 Minuten backen.

Tipp: Zimtmuffins werden von Kindern als leckere Pausenmahlzeit geliebt! Schneiden Sie sie dafür auf und bestreichen Sie sie mit Butter und Honig.

Gewürzmuffins

100 g Weizen / 50 g Schokolade /
100 g gemahlene Mandeln /
2 TL Backpulver / 1 TL Natron / 1 TL Zimt /
½ TL Nelkenpulver / ½ TL gemahlener Kardamom /
½ TL gemahlene Muskatnuss / 1 Ei / 150 g Honig /
100 ml Öl / 200 ml Buttermilch

Den Weizen fein mahlen. Die Schokolade mittelfein raspeln. Das Mehl mit Schokostückchen, Mandeln, Backpulver, Natron und den Gewürzen mischen.

In einer zweiten Schüssel die restlichen Zutaten gut miteinander verrühren. Die Mehlmischung dazugeben und so lange weiterrühren, bis alle Zutaten befeuchtet sind.

Den Teig in die Muffinformen füllen. Bei 175° C etwa 15 Minuten backen. Die Muffins einige Minuten ruhen lassen und aus den Formen nehmen. Abkühlen lassen.

Tipp: Die Gewürzmuffins verbreiten einen anheimelnden, fast schon weihnachtlichen Duft. Backen Sie sie in der kalten Jahreszeit, decken Sie den Tisch schön mit Kerzen und servieren Sie dazu:

Heiße Mandelmilch

100 g Mandelmus und 1 – 2 EL Honig mit ½ TL Zimt und etwas Vanillepulver in etwas Milch glatt rühren. Mit ¾ l Milch und dem Saft einer Orange auffüllen und erhitzen. Ergibt 4 Portionen.

Kokosnussmuffins

200 g Weizen / 100 g Kokosflocken / ½ Pck. Backpulver /
1 TL Natron / 1 TL Salz / 1 Ei / 100 g Rohrzucker /
100 ml Öl / 200 ml Milch
Dekoration: 100 g Honig / 3 EL Kakaopulver /
⅛ l Wasser / 200 g Kokosflocken

Den Weizen fein mahlen. Mehl und Kokosflocken in eine Schüssel geben und mit Backpulver, Natron und Salz mischen.
In einer zweiten Schüssel Ei, Rohrzucker, Öl und Milch gut verrühren. Die Mehlmischung hinzufügen und kurz durchrühren, bis alle Zutaten feucht sind.
Den Teig in die Muffinformen füllen. Bei 175° C etwa 15 Minuten backen. Die Muffins einige Minuten ruhen lassen und aus den Formen nehmen. Abkühlen lassen.
Für die Dekoration Honig, Kakaopulver und Wasser im Wasserbad so lange rühren, bis eine glatte Masse entstanden ist. Die Oberseite der Muffins zuerst in diese Masse und dann in die Kokosflocken tauchen.

Marzipanmuffins

150 g Weizen / 50 g Mandeln, fein gemahlen /
½ Pck. Backpulver / 1 TL Natron / 1 Prise Salz / 1 Ei /
120 g Rohrzucker / 100 ml Öl / ¼ l Milch /
100 g Marzipan (siehe Seite 39)

Den Weizen fein mahlen. Mehl mit Mandeln, Backpulver, Natron und Salz mischen.

In einer zweiten Schüssel Ei, Rohrzucker, Öl und Milch gut verrühren. Das Marzipan möglichst klein zerbröseln und unterrühren.

Die Mehlmischung hinzufügen und kurz durchrühren, bis alle Zutaten feucht sind.

Jeweils einen Esslöffel Teig in die Muffinformen füllen.

Bei 175° C 15 – 20 Minuten backen. Die Muffins einige Minuten ruhen lassen und aus den Formen nehmen.

Tipp: Sollten Sie noch Marzipan übrig haben, rollen Sie es zwischen zwei Lagen Klarsichtfolie dünn aus und stechen Sie mit einem Glas oder einem geeigneten Ausstechförmchen Kreise aus. Kleben Sie diese Marzipankreise mit etwas Honig oder Marmelade auf die Muffins.

Ahornsirupmuffins

200 g Weizen / 1 Pck. Backpulver / 1 TL Natron /
1 Prise Salz / 1 Ei / 80 ml Öl / 80 g Haferflocken /
¼ l Buttermilch / 200 ml Ahornsirup
Dekoration: 50 g gehackte Nüsse / 50 ml Ahornsirup

Den Weizen fein mahlen. Das Mehl mit Backpulver, Natron und Salz mischen. In einer zweiten Schüssel das Ei verquirlen. Öl, Haferflocken, Buttermilch und Ahornsirup damit verrühren. Die Mehlmischung hinzufügen und kurz durchmischen, bis alle Zutaten angefeuchtet sind.

Den Teig in die Muffinformen füllen. Bei 175° C etwa 15 Minuten backen. Die Muffins einige Minuten ruhen lassen und aus den Formen nehmen.

Die gehackten Nüsse und den Ahornsirup in einer kleinen Pfanne unter Rühren so lange erwärmen, bis die Masse zähflüssig wird. Noch warm auf die Muffins streichen und abkühlen lassen.

Auf den Inhalt kommt es an:
Gefüllte Muffins

Schoko-Käse-Muffins

100 g Weizen / 100 g Nüsse / 3 EL Kakao /
1 Pck. Backpulver / 1 TL Natron / 1 Prise Salz / 1 Ei /
100 g Rohrzucker / 100 ml Öl / ⅛ l Milch
Füllung: 200 g Frischkäse / 1 EL Honig /
1 MSP Vanillepulver

Den Weizen fein mahlen. Die Nüsse fein reiben. Mehl, Kakao und Nüsse in eine Schüssel geben und mit Backpulver, Natron und Salz mischen.

In einer zweiten Schüssel Ei, Rohrzucker, Öl und Milch gut verrühren. Die Mehlmischung hinzufügen und kurz durchrühren, bis alle Zutaten feucht sind.

Den Teig zur Hälfte in die Muffinformen füllen. Den Frischkäse mit dem Honig und dem Vanillepulver glatt rühren und jeweils einen Esslöffel auf den Teig setzen. Den restlichen Teig darauf geben. Die Muffins bei 175° C etwa 20 Minuten backen. Die Muffins einige Minuten ruhen lassen und aus den Formen nehmen.

Muffins mit Mohnfüllung

Füllung: 100 g Mohn / 250 ml Milch /
½ Pck. Vanillepudding / 3 EL Milch / 1 EL Honig
Teig: 200 g Weizen / 1 Pck. Backpulver /
1 TL Natron / 1 Ei / 120 g Rohrzucker /
150 g Joghurt / 100 ml Öl
Glasur: 150 g Butter / 100 g Honig / ½ TL Vanillepulver

Den Mohn fein mahlen und mit der Milch zum Kochen bringen. 5 Minuten ausquellen lassen. Das Puddingpulver mit der restlichen Milch und dem Esslöffel Honig anrühren und unter die Mohnmasse rühren. Kurz aufkochen lassen und zur Seite stellen.

Den Weizen fein mahlen und mit Backpulver und Natron mischen.

In einer zweiten Schüssel das Ei leicht verquirlen. Zucker, Joghurt und Öl zugeben und gut verrühren. Die Mehlmischung dazuschütten und leicht untermischen, bis alle Zutaten feucht sind.

Den Muffinteig zur Hälfte in die Formen füllen und die abgekühlte Mohnmasse darauf geben. Den restlichen Teig hinzu fügen. Bei 175° C etwa 20 Minuten backen. Die Muffins einige Minuten auskühlen lassen und aus den Formen nehmen.

Für die Glasur die Butter weich rühren. Honig und Vanillepulver dazugeben und zu einer glatten Masse verarbeiten. Die Muffins damit bestreichen.

Muffins mit Nussfüllung

Füllung: 100 g Nüsse / 50 g Butter / 50 g Honig /
50 ml süße Sahne
Teig: 250 g Weizen / 1 Pck. Backpulver / 1 TL Natron /
1 Prise Salz / 1 Ei / 100 g Honig /
100 ml Milch / 100 ml Öl

Die Nüsse fein mahlen und mit der weichen Butter, Honig und der süßen Sahne zu einer cremigen Masse verkneten.

Den Weizen fein mahlen und mit Backpulver, Natron und Salz mischen. In einer zweiten Schüssel das Ei verquirlen und Honig, Milch und Öl gut unterrühren. Die Mehlmischung dazugeben und kurz untermischen. Den Teig zur Hälfte in die Muffinformen füllen. Jeweils ein Bällchen Nussfüllung darauf setzen, etwas andrücken und mit dem restlichen Teig auffüllen.

Bei 175° C etwa 20 Minuten backen. Die Muffins einige Minuten ruhen lassen und aus den Formen nehmen.

Gefüllte Überraschungsmuffins

Füllung: 200 g Marzipan (Grundrezept siehe S. 39) /
12 »Überraschungen« (z. B. frische Beeren, Pflaumen,
Schokoladenstückchen usw.)
Teig: 250 g Weizen / 1 Pck. Backpulver /
1 TL Natron / 1 Ei / 120 g Rohrzucker /
200 g Joghurt / 60 ml Öl

Das Marzipan dünn ausrollen. Das geht am besten zwischen zwei Frischhaltefolien. Aus dem Marzipan mit einem Ausstechförmchen oder einem Glas zwölf Kreise ausstechen und die »Überraschung« darin einschlagen.

Den Weizen fein mahlen und mit Backpulver und Natron mischen. In einer zweiten Schüssel das Ei leicht verquirlen. Zucker, Joghurt und Öl zugeben und gut verrühren. Die Mehlmischung dazuschütten und leicht untermischen, bis alle Zutaten angefeuchtet sind.

Den Teig zur Hälfte in die Muffinformen füllen, die Marzipanpäckchen darauf setzen und leicht andrücken, den restlichen Teig darauf geben. Bei 175° C etwa 20 – 25 Minuten backen. Die Marzipanreste als Dekoration verwenden, evtl. mit etwas Honig ankleben.

Muffins mit Kokosfüllung

Füllung: 100 g Kokosflocken / 1 EL Honig /
50 g Butter
Teig: 200 g Weizen / 50 g Zartbitterschokolade /
1 Pck. Backpulver / 1 TL Natron / 1 Prise Salz / 1 Ei /
100 g Rohrzucker / 100 ml Öl / 100 ml Milch

Die Kokosflocken mit dem Honig und der weichen Butter verkneten und zwölf Bällchen daraus formen.

Den Weizen fein mahlen. Die Zartbitterschokolade auf einer groben Küchenreibe raspeln. Mehl und Schokoraspel in eine Schüssel geben und mit Backpulver, Natron und Salz mischen. In einer zweiten Schüssel Ei, Rohrzucker, Öl und Milch gut verrühren. Die Mehlmischung hinzufügen und kurz durchrühren, bis alle Zutaten feucht sind.

Den Teig zur Hälfte in die Muffinformen füllen und jeweils ein Kokosbällchen darauf setzen. Den restlichen Teig darauf geben. Die Muffins bei 175° C etwa 20 Minuten backen. Die Muffins einige Minuten ruhen lassen und aus den Formen nehmen.

Backpflaumenmuffins

Füllung: 6 getrocknete Pflaumen / 100 g Frischkäse /
100 g Weizen / 50 g Schokolade / 100 g gem. Mandeln /
2 TL Backpulver / 1 TL Natron / 1 TL Zimt /
½ TL Nelkenpulver / ½ TL gem. Kardamom /
½ TL gem. Muskatnuss / 1 Ei / 150 g Honig /
100 ml Öl / 200 ml Buttermilch

Für die Füllung die Pflaumen in möglichst kleine Stückchen schneiden. Den Frischkäse dazugeben und mit einer Gabel fein zerdrücken.

Den Weizen fein mahlen. Die Schokolade mittelfein raspeln. Das Mehl mit den Schokostückchen, den Mandeln, dem Backpulver, dem Natron und den Gewürzen mischen.

In einer zweiten Schüssel die restlichen Zutaten gut miteinander verrühren. Die Mehlmischung dazugeben und so lange weiterrühren, bis alle Zutaten befeuchtet sind.

Den Teig zur Hälfte in die Muffinformen füllen. Jeweils einen Esslöffel der Pflaumenmasse auf den Teig setzen. Den restlichen Teig darauf geben. Die Muffins bei 175° C etwa 20 Minuten backen. Die Muffins einige Minuten ruhen lassen und aus den Formen nehmen. Abkühlen lassen.

Tipp: Backpflaumenmuffins sind das richtige Gebäck für die Adventszeit. Decken Sie den Tisch ruhig einmal üppig mit Kerzen, mit Nelken gespickten Orangen und kleinen, duftenden Zimtstangenbündeln. Und lassen Sie den Alltag draußen!

Buchweizen-Preiselbeer-Muffins

Füllung: 200 g Preiselbeeren (aus dem Glas) /
200 g Frischkäse / 1 EL Honig / 1EL Milch /
Teig: 200 g Buchweizen / ½ Pck. Backpulver /
1 TL Natron / 1 Prise Salz / 1 Ei /
120 g Honig / 100 ml Öl /
100 ml Buttermilch

Für die Füllung die Preiselbeeren mit Frischkäse, Honig und Milch zu einer glatten Masse verrühren.

Den Buchweizen fein mahlen. Mit Backpulver, Natron und Salz mischen.

In einer zweiten Schüssel das Ei mit Honig, Öl und Buttermilch verrühren. Das Mehlgemisch dazugeben und so lange rühren, bis alle Zutaten angefeuchtet sind.

Den Teig zur Hälfte in die Muffinformen füllen. Jeweils einen gehäuften Teelöffel der Preiselbeermasse auf den Teig setzen. Den restlichen Teig darauf geben. Die Muffins bei 175° C etwa 20 Minuten backen. Die Muffins einige Minuten ruhen lassen und aus den Formen nehmen. Abkühlen lassen.

Die Muffins mit jeweils einem Klecks der restlichen Preiselbeermasse garnieren.

Muffins mit Marmeladenfüllung

Teig: 200 g Weizen / 1 Pck. Backpulver / 1 TL Natron /
1 Ei / 100 g Rohrzucker / 200 g Joghurt / 50 ml Öl
Füllung: ca. 100 g Marmelade nach Wahl

Den Weizen fein mahlen und mit Backpulver und Natron mischen.

In einer zweiten Schüssel das Ei leicht verquirlen. Zucker, Joghurt und Öl zugeben und gut verrühren. Die Mehlmischung dazuschütten und leicht untermischen, bis alle Zutaten gerade angefeuchtet sind.

Den Muffinteig zur Hälfte in die Formen füllen und jeweils 1 TL von der Marmelade darauf geben. Den restlichen Teig einfüllen. Bei 175° C etwa 20 Minuten backen. Die Muffins einige Minuten auskühlen lassen und aus den Formen nehmen.

Tipp: Marmeladegefüllte Muffins sind ein schnelles Alltagsgebäck. Variieren Sie mit der Marmelade oder machen Sie eine Frischkäse- oder Honig-Glasur als Dekoration darauf.

Muffins mit Vanillefüllung

Füllung: 1 Pck. Vanillepudding / ⅛ l Milch / 20 g Butter
Teig: 200 g Weizen / 50 g Zartbitterschokolade /
1 Pck. Backpulver / 1 TL Natron / 1 Prise Salz / 1 Ei /
100 g Rohrzucker / 100 ml Öl / 100 ml Milch

Den Vanillepudding laut Packungsanleitung mit der Milch zubereiten, so dass eine dickflüssige Creme entsteht. Die Butter dazugeben und weiterrühren, bis sie ganz geschmolzen ist und eine homogene Masse entsteht. Die Vanillecreme möglichst noch lauwarm verarbeiten.

Den Weizen fein mahlen. Die Zartbitterschokolade auf einer groben Küchenreibe raspeln. Mehl und Schokoraspel in eine Schüssel geben und mit Backpulver, Natron und Salz mischen. In einer zweiten Schüssel Ei, Rohrzucker, Öl und Milch gut verrühren. Die Mehlmischung hinzufügen und kurz durchrühren, bis alle Zutaten feucht sind.

Den Teig zur Hälfte in die Muffinformen füllen und jeweils einen TL Vanillecreme darauf setzen. Den restlichen Teig darauf geben. Die Muffins bei 175° C etwa 20 Minuten backen. Die Muffins einige Minuten ruhen lassen und aus den Formen nehmen.

Tipp: Bereiten Sie die doppelte Menge Vanillecreme zu und dekorieren die Muffins gleich nach dem Backen mit einem dicken Klecks Creme und etwas geraspelter Schokolade. Wenn die Creme schon zu weit abgekühlt ist, lässt sie sich nicht mehr so gut verteilen.

Schoko-Vanille-Muffins

6 Scheiben Blätterteig (siehe Seite 47)
Füllung: 1 Pck. Vanillepudding / ⅛ l Milch / 20 g Butter /
24 Stückchen Schokolade
zum Bestreichen: 1 Eigelb / 1 EL Milch

Die Blätterteig-Scheiben einzeln auf einer leicht bemehlten Fläche leicht ausrollen, halbieren und die Muffinformen so damit auslegen, dass die Ecken der Teigquadrate überstehen.

Den Vanillepudding laut Packungsanleitung mit der Milch zubereiten, so dass eine dickflüssige Creme entsteht. Die Butter dazugeben und weiterrühren, bis sie ganz geschmolzen ist und eine homogene Masse entsteht. Die Vanillecreme noch warm in die Formen füllen. In jede Form 2 Stückchen Schokolade hineinlegen. Die Teigecken so umschlagen, dass die Muffins oben mit Teig bedeckt sind. Das Eigelb mit der Milch verquirlen und den Blätterteig damit bestreichen.

Bei 170° C 15 Minuten backen. Die Muffins etwas abkühlen lassen und aus den Formen nehmen. Abkühlen lassen.

Pikante Muffins

Herzhafte Nussmuffins

*250 g Weizen / 200 ml Wasser / 3 EL Öl /
20 g Hefe / 1 TL Salz / 50 g gemahlene Nüsse (Mandeln,
Haselnüsse o. ä.) / 12 Walnusshälften*

Den Weizen fein mahlen. Zusammen mit Wasser, Öl, Hefe und
Salz gründlich kneten und zugedeckt etwa 30 Minuten gehen
lassen. Die gemahlenen Nüsse dazugeben und zu einem glatten Teig verarbeiten. Aus dem Teig zwölf Kugeln formen und
diese in gefettete Muffinformen setzen. Mit je einer Walnusshälfte garnieren. Nochmals 10 Minuten gehen lassen.
Bei 170° C etwa 15 Minuten backen. Die Muffins etwas abkühlen lassen und aus den Formen nehmen.

Tipp: Backen Sie diese herzhaften Muffins zu einem leckeren
Abendessen. Den Teig ansetzen, und während er in Ruhe
»geht«, können Sie eine Tomatenbutter (125 g weiche
Butter, 2 EL Tomatenmark und 1 fein gehackte Schalot-
te, abgeschmeckt mit Salz, Pfeffer und frischem Basili-
kum) und einen bunten Salat anrichten. Dann die Muffins ofenfertig machen und in der Backzeit den Tisch
decken. Voilà, fertig!

Grünkernmuffins

125 g Grünkern / ⅛ l Wasser / 125 g Weizen /
⅛ l Milch / 20 g Hefe / 3 EL Öl / 1 TL Salz /
1 EL grobe Haferflocken

Den Grünkern fein mahlen. Das Wasser zum Kochen bringen, mit dem Grünkernmehl verrühren und 15 Minuten quellen lassen. Den Weizen fein mahlen und mit den restlichen Zutaten und dem inzwischen lauwarmen Grünkernbrei verkneten. Zugedeckt 30 Minuten gehen lassen.

Aus dem Teig zwölf Kugeln formen und diese in gefettete Muffinformen setzen. Die Teigoberfläche mit Wasser bestreichen und mit den groben Haferflocken bestreuen.

Nochmals 10 Minuten gehen lassen.

Bei 170° C etwa 20 Minuten backen. Die Muffins etwas abkühlen lassen und aus den Formen nehmen.

Tipp: Für Grünkernfans Grünkern total: 50 g Grünkern grob schroten und 2 Stunden in ⅛ l Wasser einweichen. Mit 50 g weicher Butter und 2 EL Öl verrühren. 1 kleine Zwiebel fein hacken und in wenig Öl glasig dünsten. Mit etwas Zitronensaft, 1 MSP Senf, Majoran, Petersilie, Pfeffer und Kräutersalz herzhaft abschmecken. Diese Paste ist ein herzhafter Aufstrich, der nicht nur zu Muffins lecker schmeckt!

Buchweizenmuffins

125 g Buchweizen / 125 g Weizen / 250 g Quark /
1 Pck. Backpulver / 1 TL Salz / 2 EL Öl /
1 EL Honig / 1 Ei

Buchweizen und Weizen fein mahlen. Den Quark in einem Sieb gut abtropfen lassen. Alle Zutaten miteinander mischen und gut durchkneten.

Aus dem Teig zwölf Kugeln formen und diese in gefettete Muffinformen setzen. Mit einem scharfen Messer kreuzweise einschneiden.

Bei 170° C etwa 15 Minuten backen. Die Muffins etwas abkühlen lassen und aus den Formen nehmen.

Tipp: Die Buchweizenmuffins sind so schnell zubereitet, dass man sie sogar am Wochenende zum Frühstück backen kann. Besonders köstlich schmeckt dazu Pflaumenmus auf einer Unterlage von Frischkäse! Luxus pur!

Kräutermuffins

250 g Weizen / ⅛ l Milch / 20 g Hefe /
1 Ei / 2 EL Öl / 1 TL Salz / 100 g frische Kräuter
(Petersilie, Dill, Schnittlauch, Thymian, Sauerampfer usw.) /
1 Eigelb / 1 EL Wasser

Den Weizen fein mahlen. Die Milch leicht erwärmen und die Hefe darin auflösen. Zusammen mit dem Ei, dem Öl und dem Salz zu dem Weizenmehl geben und gut durchkneten. Zugedeckt an einem warmen Ort 30 Minuten gehen lassen.

Die frischen Kräuter fein hacken und ebenfalls gut unterkneten.

Aus dem Teig zwölf Kugeln formen und diese in gefettete Muffinformen setzen. Das Eigelb mit der Milch verquirlen und die Muffins damit bestreichen.

Nochmals 10 Minuten gehen lassen.

Bei 170° C etwa 15 – 20 Minuten backen. Die Muffins etwas abkühlen lassen und aus den Formen nehmen.

Tipp: Reichen Sie an einem warmen Sommerabend mediterrane Köstlichkeiten zu den Kräutermuffins. Oliven, Peperoni, eingelegter Knoblauch, getrocknete Tomaten in Öl, herzhaften Käse in mundgerechte Stücke geschnitten ... So kann man zwanglos draußen sitzen und genießen!

Zwiebelmuffins

1 große Zwiebel / 1 EL Öl / 250 g Weizen / ⅛ l Milch /
20 g Hefe / 1 Ei / 2 EL Öl / 1 TL Salz / evtl. 1 TL Kümmel /
1 Eigelb / 1 EL Wasser

Die Zwiebel fein hacken und in einem Esslöffel Öl goldbraun
anschwitzen. Abkühlen lassen.

Den Weizen fein mahlen. Die Milch leicht erwärmen und die
Hefe darin auflösen. Zusammen mit Ei, Öl, Salz und Kümmel
nach Geschmack zu dem Weizenmehl geben und gut durchkneten. Zugedeckt an einem warmen Ort 30 Minuten gehen
lassen.

Die Zwiebelwürfel dazugeben und ebenfalls gut unterkneten.
Aus dem Teig zwölf Kugeln formen und diese in gefettete Muffinformen setzen. Das Eigelb mit der Milch verquirlen und die
Muffins damit bestreichen. Nochmals 10 Minuten gehen lassen.

Bei 170° C etwa 15 Minuten backen. Die Muffins etwas abkühlen lassen und aus den Formen nehmen.

Tipp: Zwiebelmuffins sind lecker zum Abendessen, Brunch
oder Picknick!

Würzmuffins
250 g Weizen / ½ TL Salz / 1 TL Zimt / ½ TL Vanille /
½ TL Kardamom / 100 ml Milch / 20 g Hefe / 1 Ei /
1 EL Honig / 1 EL Öl / 70 g Rosinen / 2 EL Milch

Den Weizen fein mahlen und mit den Gewürzen mischen. Die Milch leicht erwärmen und die Hefe darin auflösen. In die Mehlmischung geben. Zusammen mit dem Ei, dem Honig und dem Öl gut durchkneten.

Zugedeckt an einem warmen Ort 30 Minuten gehen lassen. Die Rosinen dazugeben und ebenfalls gut unterkneten.

Aus dem Teig zwölf Kugeln formen und diese in gefettete Muffinformen setzen. Mit Milch bestreichen. Nochmals 10 Minuten gehen lassen.

Bei 170° C etwa 15 Minuten backen. Die Muffins etwas abkühlen lassen und aus den Formen nehmen.

Tipp: Die Würzmuffins noch warm mit etwas Butter zum Nachmittagstee servieren.

Hafermuffins

150 g Hafer / 150 g Weizen / 1 TL Fenchel / 20 g Hefe /
200 ml lauwarmes Wasser / 1 TL Salz / 1 EL Honig /
2 EL grobe Haferflocken

Hafer, Weizen und Fenchel mischen und fein mahlen. Die Hefe in dem lauwarmen Wasser auflösen und zu der Mehlmischung geben. Salz und Honig dazugeben und kräftig durchkneten.
Zugedeckt an einem warmen Ort 30 Minuten gehen lassen.
Aus dem Teig zwölf Kugeln formen und diese in gefettete Muffinformen setzen. Die Teigoberfläche mit Wasser bestreichen und mit den groben Haferflocken bestreuen.
Nochmals 10 Minuten gehen lassen.
Bei 170° C etwa 15 Minuten backen. Die Muffins etwas abkühlen lassen und aus den Formen nehmen.

Tipp: Schneiden Sie einen Hafermuffin auf und belegen Sie ihn mit einem Salatblatt, Tomaten- und Gurkenscheiben, einem Getreidebratling und einer Scheibe Käse. Schon haben Sie einen wirklich gesunden McMuffin!

Partymuffins

Für 1 Standardblech:
250 g Weizen / 250 g Quark / 1 Pck. Backpulver /
1 TL Salz / 2 EL Öl / 1 EL Honig / 1 Ei
zum Dekorieren: 1 Eigelb / 1 EL Milch / jeweils 3 TL
Kümmel, Mohn, Sesam und geschälte Kürbiskerne

Den Weizen fein mahlen. Den Quark in einem Sieb gut abtropfen lassen. Alle Zutaten miteinander mischen und gut durchkneten.

Aus dem Teig zwölf Kugeln formen und diese in gefettete Muffinformen setzen. Mit einem scharfen Messer kreuzweise einschneiden.

Das Eigelb mit der Milch verquirlen und auf die Muffins streichen. Jeweils 3 der Muffins mit Kümmel, Mohn, Sesam oder den geschälten Kürbiskernen bestreuen.

Bei 170° C etwa 15 Minuten backen. Die Muffins etwas abkühlen lassen und aus den Formen nehmen.

Tipp: Die angegebenen Mengen beziehen sich auf ein Standardblech. Je nach Größe der Party wird das Rezept entsprechend vervielfacht. Größere Mengen am besten gleich auf Vorrat backen und einfrieren. Wenn die Party steigt, lassen sie sich mühelos im Backofen aufbacken ...

Frühlingsmuffins

150 g Weizen / 100 g Roggen / 1 Pck. Backpulver /
1 Tasse gehackte Wildkräuter (erstes frisches Grün von
Löwenzahn, Brennnesseln, Sauerampfer usw.) /
250 g Quark / 1 TL Salz / 2 EL ÖL /
1 EL Naturjoghurt / 1 Ei
zum Bestreichen: 1 Eigelb / 1 EL Milch

Das Getreide fein mahlen und mit dem Backpulver mischen. Die Wildkräuter fein hacken. Den Quark in einem Sieb gut abtropfen lassen. Alle Teigzutaten miteinander mischen und gut durchkneten.

Aus dem Teig zwölf Kugeln formen und diese in gefettete Muffinformen setzen. Mit einem scharfen Messer kreuzweise einschneiden.

Das Eigelb mit der Milch verquirlen und die Muffins damit bestreichen. Bei 170° C etwa 15 – 20 Minuten backen. Die Muffins etwas abkühlen lassen und aus den Formen nehmen.

Tipp: Backen Sie Frühlingsmuffins einmal statt in einer Muffinform in 12 kleinen, unglasierten neuen Tontöpfchen, die sie vorher mit Pergamentpapier ausgeschlagen haben. Zum Osterbrunch oder bei einem kalten Buffet sieht das wirklich witzig aus!

Scharfe Maismehlmuffins

100 g Weizen / 150 g Maismehl / ½ Pck. Backpulver /
1 TL Natron / 1 TL Salz / 1 kleine Chilischote / 1 Ei /
100 ml Öl / 250 g Naturjoghurt

Den Weizen fein mahlen und mit dem Maismehl, Backpulver, Natron und Salz mischen. Die Chilischote entkernen, sehr fein schneiden und ebenfalls untermischen.
In einer zweiten Schüssel das Ei verquirlen und mit Öl und Joghurt verrühren. Die Mehlmischung dazugeben und kurz untermischen. Den Teig in die Muffinformen füllen. Bei 175° C etwa 15 Minuten backen. Die Muffins einige Minuten ruhen lassen und aus den Formen nehmen.

Tipp: Reichen Sie die Maismehlmuffins noch warm zu einer Gemüsemischung aus Zwiebeln, Mais, Kidneybohnen, Paprika, Zucchini und Tomaten. Würzen Sie das Gemüse mit Salz, Knoblauch, Chilipulver, Kumin, Piment und einer kräftigen Prise Kakao – und Mexiko lässt grüßen!

Quer durch den Garten:
Muffins mit Gemüse

Tomatenmuffins

*Füllung: 2 Fleischtomaten / 200 g Mozzarella / 1 Ei /
4 EL Sahne / 2 EL Parmesan / Salz / Pfeffer /
1 EL frischen Oregano
Teig: 125 g Weizen / 20 g Hefe / 50 ml lauwarmes Wasser /
20 ml Öl / ½ TL Salz*

Für die Füllung die Fleischtomaten kurz mit kochendem Wasser überbrühen, kalt abschrecken und die Haut abziehen. Das Fruchtfleisch in kleine Würfel schneiden. Den Mozzarella ebenfalls in kleine Stückchen schneiden. Das Ei verquirlen, Sahne und Parmesan dazurühren und mit den Gewürzen und dem fein gehackten Oregano abschmecken. Tomaten- und Mozzarellastückchen dazugeben.

Den Weizen fein mahlen. Die Hefe zerbröseln und mit den restlichen Zutaten zu einem glatten Teig verkneten. Die Muffinformen fetten oder Papierförmchen benutzen. Aus dem Teig zwölf Kugeln formen und diese auf einer leicht bemehlten Arbeitsfläche zu kleinen Fladen von etwa 12 cm Durchmesser ausrollen. Die Muffinförmchen damit auslegen. Die Füllung hineingeben.

Bei 170° C etwa 20 Minuten backen. Die Muffins etwas abkühlen lassen und aus den Formen nehmen. Warm oder kalt servieren.

Tipp: Zusammen mit einem grünen Salat ergeben die Tomatenmuffins ein leichtes Mittag- oder Abendessen.

Champignonmuffins

Füllung: 1 große Zwiebel / 2 EL Öl / 200 g Champignons /
100 g Räuchertofu / 3 EL Tomatenmark /
1 TL Salz / Pfeffer
Teig: 125 g Weizen / 20 g Hefe / 50 ml lauwarmes Wasser /
20 ml Öl / ½ TL Salz
zum Bestreichen: 1 Eigelb / 1 EL Milch

Die Zwiebel fein hacken und in dem Öl glasig dünsten. In der Zwischenzeit die Champignons putzen und in Scheiben schneiden. Den Räuchertofu in kleine Würfel schneiden. Champignons, Tofu, Tomatenmark, Salz und Pfeffer zu den Zwiebeln geben und so lange köcheln lassen, bis alle Flüssigkeit eingekocht ist. Abkühlen lassen.

Den Weizen fein mahlen. Die Hefe zerbröseln und mit den restlichen Zutaten zu einem glatten Teig verkneten. Die Muffinformen fetten oder Papierförmchen benutzen. Aus dem Teig zwölf Kugeln formen und diese auf einer leicht bemehlten Arbeitsfläche zu kleinen Fladen von etwa 15 cm Durchmesser ausrollen. Die Muffinförmchen damit auslegen. Die Champignonmasse hineingeben und den überstehenden Teig oben zusammenschlagen. Das Eigelb mit der Milch verrühren und den Teig damit bestreichen. Bei 170° C 15 Minuten backen. Die Muffins etwas abkühlen lassen und aus den Formen nehmen und lauwarm servieren.

Tipp: Champignons lassen sich schnell, einfach und gleichmäßig im Eierschneider in Scheiben schneiden.

Maismuffins »Mexiko«

150 g Weizen / 100 g Maismehl / 1 Pck. Backpulver /
1 TL Natron / 1 TL Salz / ¼ TL Chilipulver /
½ TL gem. Koriander / 1 EL Parmesan / 1 Ei / 120 ml Öl /
300 g Naturjoghurt / 200 g gekochte Maiskörner /
12 kleine eingelegte Peperoni

Den Weizen fein mahlen und mit Maismehl, Backpulver, Natron, Gewürzen und Parmesan mischen. In einer zweiten Schüssel das Ei verquirlen. Öl und Naturjoghurt unterrühren. Die Mehlmischung dazugeben und kurz durchmischen. Die gekochten Maiskörner unterheben. Den Teig in die Muffinformen füllen und in jedes Förmchen eine Peperoni so weit in den Teig drücken, dass nur noch ein kleiner Teil mit dem Stiel herausguckt.
Bei 170° C 20 Minuten backen. Die Muffins etwas abkühlen lassen und aus den Formen nehmen.

Tipp: Bereiten Sie dazu eine der bekanntesten mexikanischen Saucen, die Guacamole. Eine Avocado aus der Schale nehmen und mit einer Gabel fein zermusen. Eine kleine Zwiebel fein hacken, eine Tomate fein würfeln und mit etwas Zitronensaft, Salz und Pfeffer zu der Avocadocreme geben. Wer's scharf mag, kann noch mit Chilipulver nachwürzen. Mit gehacktem, frischem Koriander wird es original mexikanisch. Dippen Sie diese »Salsa verde« mit kleinen Stückchen von rohem Gemüse oder mit Maischips.

Blumenkohlmuffins

6 Scheiben Blätterteig (siehe Seite 47)
Füllung: ½ Blumenkohl / etwas Zitronensaft / Salz / 3 Eier /
200 ml Sahne / 3 EL gehackte Petersilie /Salz / Pfeffer /
Paprikapulver / 1 Spritzer Tabasco
zum Bestreichen: 1 Eigelb / 1 EL Sahne

Die Blätterteig-Scheiben einzeln auf einer leicht bemehlten Fläche leicht ausrollen, halbieren und die Muffinformen damit auslegen. Den Blumenkohl in Salzwasser mit einem Schuss Zitronensaft etwa 10 Minuten dünsten, bis er bissfest gegart ist. Das Kochwasser abschütten und den Blumenkohl mit einem großen Messer in kleine Stückchen hacken. Die Eier verquirlen, mit Sahne, Petersilie und den Gewürzen verrühren. (Achtung: Schmecken Sie die Masse sehr pikant ab. Blumenkohl und Blätterteig absorbieren die Gewürze richtig!) Die Blumenkohlstückchen ebenfalls unterrühren und die Masse in die Formen füllen. Den überstehenden Blätterteig oben zusammenschlagen. Das Eigelb mit der Sahne verquirlen und den Blätterteig damit bestreichen.
Bei 170° C 15 Minuten backen. Die Muffins etwas abkühlen lassen und aus den Formen nehmen und lauwarm oder kalt servieren.

Tipp: Reichen Sie dazu eine schnelle Sauce aus 100 g Preiselbeeren aus dem Glas und 200 g Schmand. Nur noch mit etwas Salz abschmecken, fertig!

Übrigens, Muffins mit Sauce lassen sich besser vom Teller mit Messer und Gabel essen.

Lauchmuffins

Füllung: 1 große Stange Lauch / etwas Öl /
2 Eier / 100 ml Sahne /
50 g geriebenen Käse / Salz / Pfeffer / Muskatnuss
Teig: 125 g Weizen / 20 g Hefe / 50 ml lauwarmes Wasser /
20 ml Öl / ½ TL Salz

Für die Füllung den Lauch in feine Ringe schneiden und in wenig Öl etwa 5 Minuten dünsten. Etwas abkühlen lassen. Die Eier verquirlen, mit der Sahne, dem Käse und den Gewürzen verrühren. Die Lauchringe dazugeben und gut untermischen.
Den Weizen fein mahlen. Die Hefe zerbröseln und mit den restlichen Zutaten zu einem glatten Teig verkneten. Die Muffinformen fetten oder Papierförmchen benutzen. Aus dem Teig zwölf Kugeln formen und diese auf einer leicht bemehlten Arbeitsfläche zu kleinen Fladen von etwa 12 cm Durchmesser ausrollen. Die Muffinförmchen damit auslegen. Die Lauch-Eier-Masse hineingeben.
Bei 170° C 15 – 20 Minuten backen. Die Muffins etwas abkühlen lassen und aus den Formen nehmen und lauwarm servieren.

Linsen-Oliven-Muffins

Füllung: 200 g rote Linsen / 200 g schwarze Oliven /
3 EL Olivenöl / 1 große Zwiebel / 1 EL Öl /
2 Knoblauchzehen / Kräuter der Provence / Salz
Teig: 125 g Weizen / 20 g Hefe / 50 ml lauwarmes Wasser /
20 ml Öl / ½ TL Salz
zum Bestreichen: 1 Eigelb / 1 EL Milch

Die Linsen mit der gleichen Menge Wasser in etwa 15 Minuten gar kochen. Die Oliven entsteinen und zusammen mit den Linsen und dem Öl pürieren. Die Zwiebel fein hacken, in etwas Öl glasig dünsten und zu der Linsenpaste geben. Mit Knoblauch, Kräutern der Provence und Salz abschmecken.

Den Weizen fein mahlen. Die Hefe zerbröseln und mit den restlichen Zutaten zu einem glatten Teig verkneten. Die Muffinformen fetten oder Papierförmchen benutzen. Aus dem Teig zwölf Kugeln formen und diese auf einer leicht bemehlten Arbeitsfläche zu kleinen Fladen von etwa 15 cm Durchmesser ausrollen. Die Muffinförmchen damit auslegen. Die Linsenpaste hineingeben und den überstehenden Teig oben zusammenschlagen. Das Eigelb mit der Milch verrühren und den Teig damit bestreichen. Bei 170° C 15 Minuten backen. Die Muffins etwas abkühlen lassen, aus den Formen nehmen und lauwarm servieren.

Bunte Gemüsemuffins

*Füllung: 3 Tassen gemischtes Gemüse (z. B. Mais, Tomaten,
Lauch, Paprika, Bohnen usw.) / 2 Eier / 100 ml Sahne /
Salz / Pfeffer*
*Teig: 125 g Weizen / 20 g Hefe / 50 ml lauwarmes Wasser /
20 ml Öl / ½ TL Salz*
Belag: 200 ml Schmand / 100 g geriebenen Käse

Für die Füllung das Gemüse klein schneiden und gegebenen-
falls vorgaren. Die Eier verquirlen, mit der Sahne und den Gewürzen verrühren und zu der Gemüsemischung geben.
Den Weizen fein mahlen. Die Hefe zerbröseln und mit den
restlichen Zutaten zu einem glatten Teig verkneten. Die Muffinformen fetten oder Papierförmchen benutzen. Aus dem Teig
zwölf Kugeln formen und diese auf einer leicht bemehlten Arbeitsfläche zu kleinen Fladen von etwa 12 cm Durchmesser
ausrollen. Die Muffinförmchen damit auslegen. Die Gemüsemischung hineingeben.
Den Schmand mit dem geriebenen Käse verrühren und jeweils
einen dicken Klecks davon auf das Gemüse setzen. Bei 170° C
15 – 20 Minuten backen. Die Muffins etwas abkühlen lassen,
aus den Formen nehmen und warm servieren.

Spinatmuffins

6 Scheiben Blätterteig (siehe Seite 47)
Füllung: 1 kleine Zwiebel / etwas Öl/ 200 g Spinat /
100 g Gorgonzola / 100 g Ricotta / 50 g Pinienkerne /
1 TL Zitronensaft / Salz / Pfeffer
zum Bestreichen: 1 Eigelb / 1 EL Milch

Die Blätterteig-Scheiben einzeln auf einer leicht bemehlten Fläche leicht ausrollen, halbieren und die Muffinformen so damit auslegen, dass die Ecken der Teigquadrate überstehen.
Die Zwiebel fein hacken und in etwas Öl glasig dünsten. Den Spinat waschen, zu den Zwiebeln geben und unter Rühren kurz mitdünsten. Auf ein großes Holzbrett schütten und grob hacken. Den Gorgonzola mit einer Gabel zerdrücken und mit dem Ricotta und den Pinienkernen vermischen. Mit Zitronensaft, Salz und Pfeffer abschmecken. Den Spinat dazugeben und untermischen. Die Spinatcreme in die Formen füllen. Die Teigecken so umschlagen, dass die Muffins oben möglichst mit Teig bedeckt sind. Das Eigelb mit der Milch verquirlen und den Blätterteig damit bestreichen.
Bei 170° C 15 – 20 Minuten backen. Die Muffins etwas abkühlen lassen und aus den Formen nehmen. Lauwarm oder kalt servieren.

Zwiebeltörtchen

Füllung: 2 Gemüsezwiebeln / Öl / 200 g Crème fraîche /
1 Ei / Salz / Pfeffer / Muskat / 1 EL frische Petersilie
Teig: 125 g Weizen / 20 g Hefe / 50 ml lauwarmes Wasser /
20 ml Öl / ½ TL Salz

Für die Füllung die Gemüsezwiebeln fein hacken und in etwas Öl glasig dünsten. Vom Herd nehmen und die Crème fraîche und das Ei unterrühren. Mit den Gewürzen und der gehackten Petersilie pikant abschmecken.

Den Weizen fein mahlen. Die Hefe zerbröseln und mit den restlichen Zutaten zu einem glatten Teig verkneten. Die Muffinformen fetten oder Papierförmchen benutzen. Aus dem Teig zwölf Kugeln formen und diese auf einer leicht bemehlten Arbeitsfläche zu kleinen Fladen von etwa 12 cm Durchmesser ausrollen. Die Muffinförmchen damit auslegen. Die Füllung hineingeben.

Bei 170° C etwa 20 – 25 Minuten backen. Die Muffins etwas abkühlen lassen und aus den Formen nehmen. Warm oder kalt servieren.

Tipp: Die Zwiebeltörtchen sind zusammen mit frischen Trauben, Käsewürfeln und einem Gläschen Wein genau das Richtige für eine herbstliche gesellige Runde.

Kürbismuffins

175 g Weizen / ½ Pck. Backpulver / 1 TL Natron /
1 TL Salz / 1 TL gemahlene Nelken / 1 TL Zimt /
50 g Mandelblättchen / 50 g Rosinen / 175 g Kürbisfleisch /
1 Orange / 3 EL Honig / 50 g Rohrzucker / 50 ml Öl /
Kürbiskerne ohne Schale

Den Weizen fein mahlen. Mit Backpulver, Natron, Gewürzen, Mandelblättchen und Rosinen mischen.

Das Kürbisfleisch in wenig Wasser dünsten und mit einer Gabel zerdrücken. Von der Orange etwas Schale abreiben und den Saft auspressen. Zu dem Kürbis geben. Honig, Zucker und Öl dazugeben und gut durchrühren. Die gemischten trockenen Zutaten dazugeben und kurz rühren, bis alle Zutaten feucht sind. Den Teig in die Muffinformen füllen und mit einigen Kürbiskernen bestreuen. Bei 175° C etwa 15 – 20 Minuten backen. Einige Minuten ruhen lassen und aus den Formen nehmen.

Tipp: Zu den Kürbismuffins schmeckt gekühlte Butter. Wenn Sie diese besonders schön arrangieren wollen, rollen Sie kleine Butterstückchen zwischen zwei Holzbrettchen zu Kugeln. Richten Sie die Butterkugeln auf Blättern (z. B. Weinblätter, aber Ahorn oder Ähnliches tut's auch) an und besprenkeln Sie das Ganze mit kleinen Wassertröpfchen.

Zucchinimuffins

200 g Weizen / ½ Pck. Backpulver / 1 TL Natron /
½ TL Salz / 1 Prise Muskat / 100 g Rosinen /
50 g Walnüsse / 250 g Zucchini / 1 Ei /
120 g Rohrzucker / 100 ml Öl / 100 ml Buttermilch
Dekoration: 200 g Frischkäse / 1 EL süße Sahne

Den Weizen fein mahlen. Mit Backpulver, Natron, Gewürzen und den Rosinen mischen. Die Walnüsse fein hacken und die Zucchini grob raspeln und ebenfalls unterrühren.

In einer zweiten Schüssel das Ei mit Zucker, Öl und Buttermilch schaumig schlagen. Die trockenen Zutaten dazugeben und kurz unterrühren, bis alle Zutaten feucht sind.

Den Teig in die Muffinformen füllen und bei 175° C etwa 15 – 20 Minuten backen. Einige Minuten ruhen lassen und aus den Formen nehmen und abkühlen lassen.

Für die Dekoration Frischkäse mit etwas süßer Sahne cremig rühren und einen Klecks davon auf jeden Muffin geben.

Das Beste aus Milch:
Muffins mit Käse

Raclettemuffins

Füllung: 250 g Raclettekäse / 2 Tomaten / ½ Salatgurke
Teig: 125 g Weizen / 20 g Hefe / 50 ml lauwarmes Wasser /
20 ml Öl / ½ TL Salz

Den Raclettekäse entrinden und fein würfeln. Die Tomaten in jeweils sechs Scheiben schneiden. Von der Gurke ebenfalls zwölf nicht zu dicke Scheiben schneiden.

Den Weizen fein mahlen. Die Hefe zerbröseln und mit den restlichen Zutaten zu einem glatten Teig verkneten. Die Muffinformen fetten oder Papierförmchen benutzen. Aus dem Teig zwölf Kugeln formen und diese auf einer leicht bemehlten Arbeitsfläche zu kleinen Fladen von etwa 12 cm Durchmesser ausrollen. Die Muffinförmchen damit auslegen. In jedes Förmchen zuerst eine Tomaten-, dann eine Gurkenscheibe legen und zum Schluss den gewürfelten Käse.

Bei 170° C etwa 15 Minuten backen. Die Muffins etwas abkühlen lassen und aus den Formen nehmen. Lauwarm servieren.

Tipp: Raclettemuffins am besten mit Teller und Besteck essen. Reichen Sie dazu einen gemischten Salat.

Käse-Brandteig-Muffins

125 g Weizen / 150 ml Milch / 80 g Butter / 1 Prise Salz /
3 Eier / 150 g Gouda (jung oder mittelalt) /
1 Msp Pfeffer / 1 Msp Paprika, edelsüß

Den Weizen fein mahlen. Die Milch mit Butter und Salz zum Kochen bringen und das Mehl auf einmal hineinschütten. Unter Rühren bei mittlerer Hitze kochen lassen, bis der Teig einen Kloß bildet und der Topfboden von einer dünnen Schicht bedeckt ist. Teig in eine Rührschüssel geben und ruhen lassen, bis er nur noch lauwarm ist. Nun nach und nach die Eier unterrühren.

Den Käse reiben und 100 Gramm davon mit den Gewürzen unter den Teig ziehen.

Die Muffinformen fetten oder Papierförmchen benutzen! Den Teig auf die Formen verteilen und mit dem restlichen Käse bestreuen. Bei 175° C etwa 20 Minuten backen. Die Muffins einige Minuten ruhen lassen und aus den Formen nehmen.

Tipp: Warm gegessen schmecken die Käse-Brandteig-Muffins am besten!

Käse-Birnen-Muffins

125 g Hafer / 125 g Weizen / 20 g Hefe /
100 ml lauwarmes Wasser / 30 ml Öl /
1 TL Salz / 1 EL Honig
Füllung: 150 g reifer Brie / 50 g Frischkäse / 3 EL Sahne /
6 schwarze Oliven / 2 Birnen / 1 TL Zitronensaft / Salz

Hafer und Weizen fein mahlen. Die Hefe in dem lauwarmen Wasser auflösen und zu der Mehlmischung geben. Öl, Salz und Honig dazugeben und kräftig durchkneten.

Zugedeckt an einem warmen Ort 30 Minuten gehen lassen.

In der Zwischenzeit den Brie entrinden und mit einer Gabel zerdrücken. Mit dem Frischkäse und der Sahne verrühren. Die Oliven entsteinen und in sehr kleine Stückchen schneiden. Die Birnen waschen, vierteln und vom Kerngehäuse befreien. Alle Zutaten miteinander mischen und pikant abschmecken.

Die Muffinformen fetten oder mit Papierförmchen auslegen. Aus dem Teig zwölf Kugeln formen. In jede Kugel ein großes Loch drücken und etwa einen Teelöffel von der Käse-Birnen-Mischung hineindrücken. Das Loch wieder schließen und die Teigkugeln in die Formen geben. Die Teigoberfläche mit Wasser bestreichen. Bei 175° C etwa 15 Minuten backen. Nach dem Backen etwas abkühlen lassen und lauwarm servieren.

Tipp: Servieren Sie dazu Walnussbutter. 125 g weiche Butter mit 60 g fein gehackten Walnüssen und etwas Salz oder Gomasio verrühren und noch einmal kurz kühl stellen.

Camembertmuffins

125 g Weizen / 150 ml Milch / 80 g Butter / 1 Prise Salz /
3 Eier / 300 g Camembert / 200 g Preiselbeermarmelade

Den Weizen fein mahlen. Die Milch mit Butter und Salz zum
Kochen bringen und das Mehl auf einmal hineinschütten. Unter
Rühren bei mittlerer Hitze kochen lassen, bis der Teig einen
Kloß bildet und der Topfboden von einer dünnen Schicht bedeckt ist. Teig in eine Rührschüssel geben und ruhen lassen,
bis er nur noch lauwarm ist. Nun nach und nach die Eier unterrühren.

Ein Drittel des Camembert in kleine Stückchen schneiden und
unter den Teig rühren.

Die Muffinformen fetten oder Papierförmchen benutzen. Den
Backofen auf 175° C vorheizen und eine kleine Schüssel mit
Wasser hineinstellen.

Den Teig auf die Formen verteilen. Den restlichen Käse in Scheiben schneiden und den Teig damit belegen. Die Muffins 15 –
20 Minuten backen, danach etwa 3 Minuten ruhen lassen
und aus den Formen nehmen. Jeden Muffin mit einem dicken
Klecks Preiselbeermarmelade krönen und noch warm servieren.

Tipp: Auch hier empfiehlt es sich, die Muffins ausnahmsweise
mit Messer und Gabel zu essen!

Pfefferkäsemuffins

300 g Weizen / 200 ml lauwarmes Wasser / 20 g Hefe /
1 TL Salz / 1 EL Honig / 200 g Frischkäse /
2 EL schwarzer Pfeffer, grob gemahlen

Den Weizen fein mahlen. Die Hefe in dem lauwarmen Wasser
auflösen und zu dem Mehl geben. Salz und Honig dazugeben
und kräftig durchkneten. Zugedeckt an einem warmen Ort
30 Minuten gehen lassen.

In der Zwischenzeit den Frischkäse mit einer Gabel zerdrücken und mit dem schwarzen Pfeffer mischen.

Die Muffinformen fetten oder mit Papierförmchen auslegen.
Aus dem Teig zwölf Kugeln formen. In jede Kugel ein großes
Loch drücken und etwa einen Teelöffel von der Pfefferkäse-
Mischung hineindrücken. Das Loch wieder schließen und die
Teigkugeln in die Formen geben. Die Teigoberfläche mit Wasser
bestreichen. Bei 175° C etwa 15 Minuten backen. Nach dem
Backen etwas abkühlen lassen. Warm oder kalt servieren.

Frischkäse-Paprika-Muffins

6 Scheiben Blätterteig (siehe Seite 47)
Füllung: 300 g Frischkäse / 3 EL Sahne /
1 Knoblauchzehe / Salz /
1 rote und 1 grüne Paprikaschote /
2 EL frische Kräuter
zum Bestreichen: 1 Eigelb, 1 EL Sahne

Die Blätterteig-Scheiben einzeln auf einer leicht bemehlten Fläche etwas ausrollen, halbieren und die Muffinformen damit auslegen. Für die Füllung den Frischkäse mit der Sahne cremig rühren. Mit Knoblauch und Salz würzen. Die Paprikaschoten waschen, Deckel abschneiden und die Kerne entfernen. Paprika in kleine Würfel schneiden. Die Kräuter fein hacken. Alle Zutaten miteinander verrühren.

Die Frischkäsecreme in die Formen füllen. Den überstehenden Blätterteig oben zusammenschlagen. Das Eigelb mit der Sahne verquirlen und den Blätterteig damit bestreichen.

Bei 170° C 15 Minuten backen. Die Muffins etwas abkühlen lassen, aus den Formen nehmen und lauwarm oder kalt servieren.

Tipp: Die bittere Haut von Paprika wird von vielen Menschen nicht so gut vertragen. Sie lässt sich gut abziehen, wenn die Paprikaschoten leicht eingeölt und im heißen Backofen gebacken werden, bis die Haut Blasen wirft. Herausnehmen, mit einem feuchten Tuch bedecken und abkühlen lassen. Dann die Paprika schälen.

Gorgonzolamuffins

Füllung: 150 g Gorgonzola / 200 g Schmand /
Salz / 1 Zitrone
Teig: 125 g Weizen / 20 g Hefe /
50 ml lauwarmes Wasser /
20 ml Öl / ½ TL Salz
Zum Belegen: Butter

Für die Füllung den Gorgonzola mit der Gabel fein zerdrücken, mit dem Schmand vermischen und eventuell noch mit etwas Salz sehr pikant würzen. Die Zitronenhälfte großzügig schälen, so dass auch die weiße Haut entfernt ist, und in 24 sehr dünne Scheiben schneiden.

Den Weizen fein mahlen. Die Hefe zerbröseln und mit den restlichen Zutaten zu einem glatten Teig verkneten. Die Muffinformen fetten oder Papierförmchen benutzen. Aus dem Teig zwölf Kugeln formen und diese auf einer leicht bemehlten Arbeitsfläche zu kleinen Fladen von etwa 12 cm Durchmesser ausrollen. Die Muffinförmchen damit auslegen. In jedes Förmchen zuerst eine Zitronenscheibe legen und die Gorgonzola-Masse darauf geben. Als Abschluss wieder eine Zitronenscheibe nehmen, die mit einem kleinen Butterflöckchen belegt wird. Bei 170° C etwa 15 – 20 Minuten backen. Die Muffins etwas abkühlen lassen und aus den Formen nehmen. Lauwarm oder kalt servieren.

Tipp: Dazu passt gut gekühlte Melone oder ein Tomatensalat!

Schafskäsemuffins

6 Scheiben Blätterteig (siehe Seite 47)
Füllung: 150 g Schafskäse / 100 g geriebener Bergkäse /
3 EL Naturjoghurt / 3 EL Crème fraîche /
1 – 2 Knoblauchzehen, gepresst / Cayennepfeffer
zum Bestreichen: 1 Eigelb, 1 EL Sahne

Die Blätterteig-Scheiben einzeln auf einer leicht bemehlten Fläche leicht ausrollen, halbieren und die Muffinformen damit auslegen. Für die Füllung den Schafskäse zerbröseln und mit den restlichen Zutaten in einer Schüssel glatt rühren.

Die Käsecreme in die Formen füllen. Den überstehenden Blätterteig oben zusammenschlagen. Das Eigelb mit der Sahne verquirlen und den Blätterteig damit bestreichen.

Bei 170° C 15 Minuten backen. Die Muffins etwas abkühlen lassen und aus den Formen nehmen und warm servieren.

Tipp: Mit Zitronenspalten servieren. Reichen Sie dazu Zucchini und Auberginen, in dünne Scheiben geschnitten und in heißem Olivenöl kurz gebacken. Abgekühlt mit Zitronensaft und Salz würzen. Und natürlich eine Schale mit eingelegten Oliven.

Ziegenkäsemuffins

6 Scheiben Blätterteig (siehe Seite 47)
Füllung: 200 g Ziegenkäse /
100 g schwarze Oliven, entsteint /
1 Zweig frischer Rosmarin / 100 g Crème fraîche /
1 Knoblauchzehe, gepresst / Salz /
12 eingelegte Weinblätter / 12 Zahnstocher

Die Blätterteig-Scheiben einzeln auf einer leicht bemehlten Fläche leicht ausrollen, halbieren und Kreise von etwa 12 cm Durchmesser ausschneiden. Die Muffinformen damit auslegen. Für die Füllung den Ziegenkäse mit einer Gabel grob zerdrücken, die Oliven in kleine Stückchen schneiden, den Rosmarin fein hacken. Mit der Crème fraîche verrühren und mit Knoblauch und evtl. Salz würzen.

Die Weinblätter auf den Blätterteig in die Formen legen und die Käsecreme einfüllen. Die Weinblätter oben zusammenraffen und mit einem Zahnstocher zusammenhalten.

Bei 170° C 15 Minuten backen. Die Muffins etwas abkühlen lassen, aus den Formen nehmen und lauwarm servieren.

Mozzarellamuffins

Füllung: 1 Zwiebel / 1 Knoblauchzehe /
250 g Pilze (Champignons oder Egerlinge) /
2 EL Zitronensaft / 2 EL Öl / 3 EL Petersilie /
150 g Mozzarella / Salz / Pfeffer /
Teig: 125 g Weizen / 20 g Hefe / 50 ml lauwarmes Wasser /
20 ml Öl / ½ TL Salz
Zum Bestreuen: 2 EL Sesam

Für die Füllung die Zwiebel fein hacken, den Knoblauch pressen. Die Pilze putzen, in Scheiben schneiden und mit Zitronensaft beträufeln. Das Öl erhitzen und darin zuerst die Zwiebel glasig dünsten, den Knoblauch und die Pilze dazugeben und unter Rühren braten, bis alle Flüssigkeit verdampft ist. Die Petersilie fein wiegen und dazugeben. Mit Salz und Pfeffer würzen. Etwas abkühlen lassen.

Den Mozzarella in kleine Würfel schneiden.

Den Weizen fein mahlen. Die Hefe zerbröseln und mit den restlichen Zutaten zu einem glatten Teig verkneten. Die Muffinformen fetten oder Papierförmchen benutzen. Aus dem Teig zwölf Kugeln formen und diese auf einer leicht bemehlten Arbeitsfläche zu kleinen Fladen von etwa 12 cm Durchmesser ausrollen. Die Muffinförmchen damit auslegen. Zuerst die Pilzmasse auf die Förmchen verteilen, dann die Mozzarellawürfel. Mit dem Sesam bestreuen.

Bei 170° C etwa 15 Minuten backen. Die Muffins etwas abkühlen lassen und aus den Formen nehmen. Lauwarm oder kalt servieren.

Für besondere Anläße:
Festliche Muffins

Rühreimuffins

125 g Weizen / 1 Pck. Backpulver / 125 g Quark /
½ TL Salz / 1 EL ÖL / 1 EL Naturjoghurt /
5 Eier / ¼ l Milch / 1 Tasse gehackte frische Kräuter
(Schnittlauch, Dill, Petersilie) / ½ rote Paprika / Salz /
Pfeffer / Paprikapulver

Den Weizen fein mahlen und mit dem Backpulver mischen. Den Quark in einem Sieb gut abtropfen lassen. Mehl, Quark, Salz, Öl, Joghurt und ein Ei zu einem Teig kneten.

Aus dem Teig zwölf Kugeln formen, diese in gefettete Muffinformen geben und einen flachen Boden daraus drücken.

Die restlichen vier Eier mit der Milch verquirlen. Die Kräuter fein hacken, die Paprika in kleine Würfel schneiden. Beides zu der Eiermasse geben. Mit Salz, Pfeffer und Paprikapulver würzen und auf die Teigböden gießen.

Bei 170° C etwa 15 Minuten backen. Die Muffins etwas abkühlen lassen und aus den Formen nehmen. Lauwarm servieren.

Tipp: Rühreimuffins machen sich gut zum Brunch!

Artischockenmuffins

125 g Weizen / 20 g Hefe / 50 ml lauwarmes Wasser /
20 ml Öl / ½ TL Salz /
12 Artischockenböden / 100 g geriebener Käse /
200 g Schmand / 4 Knoblauchzehen, gepresst /
2 EL Zitronensaft / Salz / Pfeffer

Den Weizen fein mahlen. Die Hefe zerbröseln und mit den restlichen Zutaten zu einem glatten Teig verkneten. Die Muffinformen fetten oder Papierförmchen benutzen. Aus dem Teig zwölf Kugeln formen und diese in die Muffinformen drücken. Einen Artischockenboden in jedes Förmchen legen und leicht in den Teig drücken. Den Käse mit dem Schmand verrühren, mit Knoblauch, Zitronensaft und Gewürzen abschmecken und auf den Artischockenböden verteilen.

Bei 170° C 15 Minuten backen. Die Muffins etwas abkühlen lassen und aus den Formen nehmen. Lauwarm servieren.

Tipp: Artischockenböden isst man nicht alle Tage. Servieren Sie sie zu einem festlichen Anlass, beispielsweise zu einem kalten Buffet.

Spargelmuffins

250 g Spargel / Wasser / Salz / 1 EL Honig / 3 Eier /
4 EL Sahne / Salz / ½ Bund Schnittlauch /
125 g Weizen / 1 Pck. Backpulver / ½ TL Salz /
1 EL Parmesan / 1 Ei / 60 ml Öl / 150 g Naturjoghurt

Den Spargel dünn schälen und in etwa 3 cm lange Stücke schneiden. In wenig Salzwasser mit dem Honig in etwa 10 Minuten weich dünsten. Aus dem Kochwasser holen und abtropfen lassen. Die Eier mit der Sahne mit einem Schneebesen schaumig schlagen. Salzen. Den Schnittlauch in feine Röllchen schneiden und unterrühren. Den Spargel dazugeben und vorsichtig untermischen.

Den Weizen fein mahlen und mit Backpulver, Salz und Parmesan mischen. In einer zweiten Schüssel das Ei verquirlen. Öl und Naturjoghurt unterrühren. Die Mehlmischung dazugeben und kurz durchmischen. Den Teig in die Muffinformen füllen und die Spargel-Eier-Masse darauf verteilen.

Bei 170° C 15 Minuten backen. Die Muffins etwas abkühlen lassen und aus den Formen nehmen.

Tipp: Reichen Sie Zitronenbutter aus 125 g Butter, Saft und der fein geriebenen Schale einer halben Zitrone, 1 Prise Salz und etwas Kerbel oder Dill dazu.

Zucchiniblütenmuffins

6 Scheiben Blätterteig (siehe Seite 47)
12 große Zucchiniblüten / 200 g Frischkäse / 1 EL Sahne /
1 Tasse frische Kräuter / Salz / Pfeffer

Die Blätterteig-Scheiben auf einer leicht bemehlten Fläche leicht
ausrollen, halbieren und Kreise von etwa 12 cm Durchmesser
ausschneiden. Die Muffinformen damit so auslegen, dass der
Teig etwa mit dem Formenrand abschließt.

Die Zucchiniblüten waschen und die Blütenstempel heraus-
brechen. Den Frischkäse mit der Sahne cremig rühren und mit
Salz und Pfeffer sehr pikant abschmecken. Die Kräuter fein
hacken und unter den Frischkäse rühren. Diese Masse in die
Zucchiniblüten füllen, etwas hineindrücken und die Blüten
oben leicht zusammendrehen. Evtl. mit einem Zahnstocher
fixieren.

Die gefüllten Blüten in die Formen setzen. Bei 170° C 10 –
15 Minuten backen. Die Muffins etwas abkühlen lassen, aus
den Formen nehmen und lauwarm oder kalt servieren.

Tipp: Dieses Rezept lässt sich wunderbar vorbereiten: Den Teig
ausrollen und die Formen damit auslegen. Die Blüten
füllen und in ein feuchtes Geschirrtuch einschlagen.
Beides hält sich im Kühlschrank für einige Stunden frisch.
Kurz vor dem Essen den Backofen anheizen, die gefüllten Blüten in die Teigformen geben und kurz backen –
die leckersten Muffins sind fertig!

Rezept-Index

Die Autorin

Jutta Grimm, Jahrgang 1962, Mutter von vier Kindern, studierte in Trier Haushalts- und Ernährungstechnik. Die Erfahrungen aus ihrem Studium und ihr Interesse an einer gesunden und ökologischen Ernährung brachten sie 1986 zum pala-verlag, in dem 1987 ihr erstes Buch »Brotaufstriche selbst gemacht« erschien.

Außerdem sind von ihr im pala-verlag erschienen: »Vegetarisch grillen«, »Vollwert-Naschereien« und »Shiitake und Austernpilze« (zusammen mit Nicola Krämer).

Andere Bücher von Jutta Grimm

Wer sich vegetarisch ernährt, muss noch lange nicht die Einladung zum Grillfest ausschlagen! Denn es gibt eine Alternative zu Würstchen und Steaks. In diesem Buch findet man leckere Rezepte mit Spießen, Bratlingen und Backwaren – natürlich vegetarisch und vollwertig.
Mit Cartoons von Renate Alf.

Jutta Grimm:
Vegetarisch grillen
mit Cartoons von Renate Alf
ISBN: 3-89566-140-6

Das Buch gibt vollwertige und vegetarische Anregungen für pikante Cremes, herzhafte Pasteten und süße Obstmarks. Enthalten sind auch Informationen zu Gerätschaften, eine kleine Warenkunde und Hinweise zur Haltbarkeit.

Jutta Grimm:
**Brotaufstriche
selbst gemacht**
ISBN: 3-89566-165-1

Vollwert-Bücher mit Cartoons von Renate Alf

Petra und Joachim Skibbe:
Köstliche Kürbis-Küche
ISBN: 3-923176-99-6

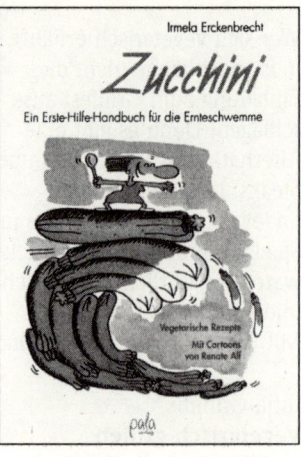

Irmela Erckenbrecht: **Zucchini**
ISBN: 3-89566-200-3

Petra und Joachim Skibbe:
Köstliche Kürbis-Küche
ISBN: 3-89566-150-3

Klaus Weber: **Das Buch
vom guten Pfannkuchen**
ISBN: 3-89566-151-1

Vollwertig, vegetarisch, gesund

Krämer / Grimm:
Shiitake und Austernpilze
ISBN: 3-89566-184-8

Ute Rabe:
Man nehme: Keime ...
ISBN: 3-89566-194-5

Jutta Grewe:
Vegetarisches aus Omas Küche
ISBN: 3-89566-168-6

Gerhild Mann: **Neurodermitis – Was koche ich für mein Kind?**
ISBN: 3-89566-138-4

pala-verlag • Postfach 11 11 22 • 64226 Darmstadt
www.pala-verlag.de

ISBN: 3-89566-152-x
© 2000: pala-verlag, Rheinstr. 37, 64283 Darmstadt
www.pala-verlag.de
2. überarbeitete Auflage: 2004
Alle Rechte vorbehalten
Lektorat: Barbara Reis
in Zusammenarbeit mit dem Deutschen Reform-Verlag, Ober-Ursel
Umschlag- und Innenillustrationen: Kirsten Schlag
Druck: fgb • freiburger graphische betriebe
www.fgb.de
Printed in Germany

Dieses Buch ist auf Papier aus 100 % Recyclingmaterial gedruckt